零基础开公司

新人手册 · 创业指南 · 行动纲领

新手开公司从入门到精通

武宏伟 主编

化学工业出版社

·北京·

《零基础开公司——新手开公司从入门到精通》一书依据新修订的《中华人民共和国公司法》，全程讲解开公司的各项流程，对于新手开公司的主要内容进行了详细的解读，具体包括有关开公司的法律常识、开办资金预算与筹集、制订利润计划与商业计划书、公司注册登记、人员组织与管理、加强财务管理、公司营销计划与执行、公司税务管理8个方面的内容。全书采用"图＋文＋表"方式，让内容更形象直观。

本书模块化设置，内容实用性强，着重突出可操作性，是一本非常实用的指导手册和入门工具书。可供有志于自己创业的毕业生、职场人士阅读，为您所创办的公司、企业进行针对性的管理、提升业绩提供指导和帮助！

图书在版编目（CIP）数据

零基础开公司：新手开公司从入门到精通/武宏伟主编．—北京：化学工业出版社，2019.9
ISBN 978-7-122-34518-9

Ⅰ.① 零…　Ⅱ.① 武…　Ⅲ.① 公司-企业管理
Ⅳ.① F276.6

中国版本图书馆CIP数据核字（2019）第092772号

责任编辑：陈　蕾　　　　　　　　　　　　装帧设计：尹琳琳
责任校对：王鹏飞

出版发行：化学工业出版社（北京市东城区青年湖南街13号　邮政编码100011）
印　　刷：三河市航远印刷有限公司
装　　订：三河市宇新装订厂
710mm×1000mm　1/16　印张11¾　字数215千字　2019年8月北京第1版第1次印刷

购书咨询：010-64518888　　　　　　　　　售后服务：010-64518899
网　　址：http://www.cip.com.cn
凡购买本书，如有缺损质量问题，本社销售中心负责调换。

定　　价：58.00元　　　　　　　　　　　　　　版权所有　违者必究

前 言
PREFACE

　　每个人心里都有一个创业梦，创业是实现梦想的途径之一，但是并不是每个人都能走出原本的生活，开创自己的新人生。创业是一个过程，需要经历从无到有、从小到大、从弱到强。创业要经营一家公司，每个环节都有需要注意的事项和防范的风险。在创业中，可以说每个人都是新手，作为一个新手，初次创业，需要学习许多知识。那我们怎样才能去创办一个新公司完成创业梦想呢？在创业开公司的过程中需要注意哪些事项呢？

　　大家都想创业当老板，然而开公司是一件非常烦琐的事，很多人都不清楚公司创办过程中需要做哪些准备，经营公司需要懂得哪些知识，需要怎样管理员工才能创造效益。本书针对开公司新手问题，从法律常识、开办费用、制订商业计划书、注册登记、人员组织、财务管理、营销运作、税务管理等知识细节入手，循序渐进地讲解怎样开公司、管理公司，帮助读者即学即用，迅速成为成功的创业者。

　　本书依据新修订的《中华人民共和国公司法》，全程讲解开公司的各项流程，从创业设立公司必须了解的有关法律制度讲起，一直到企业税务管理；全书采用"图＋文＋表"方式，让内容更形象直观。

　　特别提醒：创业不仅仅是一种商机，更重要的是敢于对自己做出改变。哪个行业比较赚钱并不重要，重要的是您能把自己要做的项目做成赚钱的，这才是最重要的！

　　《零基础开公司——新手开公司从入门到精通》一书对于新手开公司的主要内容进行了详细解读，具体包括有关开公司的法律常识、开办资金预算与筹集、制订利润计划与商业计划书、公司注册登记、人员组织与管理、加强财务管理、公司营销计划与执行、公司税务管理8章内容。

　　本书模块化设置，内容实用性强，着重突出可操作性，是一本非常实用的指导手册和入门工具书。

　　本书由前海东方华融资产管理有限公司总裁武宏伟主编。由于编者水平有限，加之时间仓促、参考资料有限，书中难免出现疏漏与缺憾，敬请读者批评指正。

编　者

目录

CONTENTS

第 1 章　有关开公司的法律常识

作为一个老板，创业设立公司，有必要了解与公司有关的法律制度。本章主要介绍公司的概念、特征和种类，股东权利，公司的合并、分立和解散；有限责任公司、股份公司等的概念及基本制度；熟悉关于设立有限责任公司和股份有限公司的条件及程序，有限责任公司和股份有限公司的资本及组织机构等公司法基本内容。

第 2 章　开办资金预算与筹集

　　资金的管理和流通，对任何一个企业在任何一个阶段都是至关重要的。

　　开公司的首要目的是赚钱。创业者要懂经营、会理财，掌握一定的财务知识，了解利用并享受国家相应的优惠政策。创业者要懂得理财之道，即聚财之道、用财之道、生财之道。聚财之道用于筹集资金；用财之道体现资金的分割与控制；生财之道体现资金的周转和利润的实现。三者必须统筹兼顾，缺一不可，资金只有不停地周转运作，你才可以赚取最大的利润。

第 3 章　制订利润计划与商业计划书

　　银行和信贷机构在决定是否给您贷款时会仔细地审查您的商业计划书。商业计划书包含了您和您的员工用于判断是否成功所使用的主要标准。另外，商业计划书也可帮助您确定第一步做什么、第二步做什么或不做什么。

第 4 章　公司注册登记

办理公司注册须经过以下过程：名称预先核准、编写"公司章程"、刻私章、到会计师事务所领取"银行询征函"、去银行开立公司验资户、办理验资报告、注册公司、刻公章和财务章、办理企业组织机构代码证、去银行开基本户、办理税务登记、申请领购发票。在此讲解几个重要的过程。

第 5 章　人员组织与管理

企业人员组织与管理是把企业人员组织起来，完成企业的任务，实现企业的目标。企业人员配备与企业组织的设计，是整个管理活动的基础，是一项十分重要的管理工作。同时，人员的招聘与培训也是配备人员并使之工作效率达到最佳的途径。

第 6 章　加强财务管理

　　财务管理是公司管理的一个重要分支，财务管理为公司的资金流动方式、资金流动趋向以及资金运用效果预测等提供了全面、系统的解决方案。因此，作为公司的经营管理者，你有必要在财务管理方面投入较多精力，以使公司各方面项目的实施都处于稳定发展状态。

第 7 章　公司营销计划与执行

在营销领域，有一句俗话："营销计划是一切成功的关键。"因为营销计划是你的公司在市场风浪里航行的基本路线图。如果你的航行路线有误的话，那么你的公司会航行到哪里去呢？"有计划不是万能的，但没有计划却是万万不能的"。

第 8 章 公司税务管理

企业税务管理是企业在遵守国家税法，不损害国家利益的前提下，充分利用税收法规所提供的包括减免税在内的一切优惠政策，达到少缴税或递延缴纳税款，从而降低税收成本，实现税收成本最小化的经营管理活动。

第1章

有关开公司的法律常识

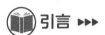

引言 ▶▶▶

作为一个老板，创业设立公司，有必要了解与公司有关的法律制度。本章主要介绍公司的概念和种类，股东权利，公司的合并、分立和解散；有限责任公司、股份公司等的概念及基本制度；熟悉关于设立有限责任公司和股份有限公司的条件及程序，有限责任公司和股份有限公司的资本及组织机构等公司法基本内容。

1.1　公司的概念和种类

1.1.1　公司的概念

公司是指依法设立的，以营利为目的的，由股东投资形成的企业法人。

1.1.2　公司的种类

依照不同的标准，对公司有不同的分类，如图1-1所示。

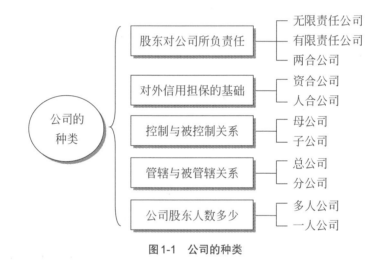

图1-1　公司的种类

简要介绍如下。

（1）无限责任公司。所有股东不论出资多少，都对公司的债务承担无限连带责任。

（2）两合公司。由承担无限责任的股东与承担有限责任的股东共同组成的公司。

（3）人合公司。以股东的信用作为公司信用基础的公司。

（4）资合公司。以公司的资产数额作为公司信用基础的公司。

（5）母公司。能对另一公司进行控制的公司。

（6）子公司。被另一公司控制或支配的公司。

（7）总公司。对其所属分公司进行统一管理，具有法人资格的公司。

（8）分公司。由总公司设置，隶属于总公司，受总公司管辖的公司，不具有法人资格，其民事责任由总公司承担。

1.2 公司法人财产权与股东权利

1.2.1 公司法人财产权

法人财产权是指公司拥有由股东投资形成的法人财产，并依法对财产行使占有、使用、受益、处分的权利。

股东投资于公司的财产需要通过对资本的注册与股东的其他财产明确分开，不允许股东在公司成立后又抽逃投资，或者占用、支配公司的资金、财产。

1.2.2 公司股东权利

公司股东依法享有资产受益、参与重大决策和选择管理者等权利。

1.3 公司的登记管理

公司登记，是国家赋予公司法人资格与企业经营资格，并对公司的设立、变更、注销加以规范、公示的行政行为。

公司登记分为设立登记、变更登记、注销登记。

设立公司，应当依法向公司登记机关申请设立登记。

1.3.1 登记管辖

公司的登记管理由工商行政管理机关管辖。

我国实行国家、省（自治区、直辖市）、市（县）三级管辖制度。

1.3.2 登记事项

（1）名称。

（2）住所。

（3）法定代表人（董事长、执行董事或者经理担任）。

（4）注册资本。

（5）实收资本。

（6）公司类型。

（7）经营范围。

（8）营业期限。

（9）有限公司的股东或股份公司发起人的姓名或名称，以及认缴和实缴的出资额、出资时间、出资方式。

1.3.3　设立登记

（1）预先核准的公司名称保留期为6个月，经核准的公司名称在保留期内不得用于从事经营活动，不得转让。

（2）依法设立的公司，由公司登记机关发给《企业法人营业执照》。

（3）公司营业执照的签发日期为公司成立日期。

1.3.4　变更登记

（1）公司名称、法定代表人、经营范围。自变更决议作出之日起30日内申请变更登记。

（2）减少注册资本、合并、分立。自公告之日起45日后申请变更登记。

（3）变更实收资本。自足额缴纳出资或者股款之日起30日内申请变更登记。

（4）有限责任公司股东转让股权的，应当自转让股权之日起30日内申请变更登记。

（5）住所。应当在迁入新住所前申请变更登记。

（6）"董事、监事、经理"发生变动的，无需变更登记，只需"备案"。

1.3.5　关于公司登记的其他注意事项

注销登记：经公司登记机关注销登记，公司终止。

分公司的登记：分公司的公司登记机关准予登记的，发给《营业执照》。

年检：每年3月1日～6月30日。

1.4　有限责任公司

1.4.1　有限责任公司的设立

1.4.1.1　设立的条件

有限责任公司设立的条件为五项，如图1-2所示。

条件一	股东符合法定人数：1～50人（既可以是自然人，也可以是法人）

条件二	股东出资达到法定资本最低限额（3万元） （1）股东出资额和出资时间。"全体股东"的首次出资额不得低于注册资本的20%，也不得低于法定的注册资本最低限额（3万元），其余部分由股东自公司成立之日起2年内缴足，其中投资公司可以在5年内缴足。 （2）股东出资方。股东可以用货币出资，也可以用实物、知识产权、土地使用权等可以用货币估价并可以依法转让的非货币财产作价出资。股东不得以劳务、信用、自然人姓名、商誉、特许经营权或者设定担保的财产等作价出资。 "全体股东"的货币出资金额不得低于有限责任公司注册资本的30%

条件三	股东共同制定公司章程：公司章程是记载公司组织、活动基本准则的公开性法律文件

条件四	有公司名称，建立符合要求的组织机构：股东会、董事会或执行董事、监事会或监事

条件五	有公司住所

图1-2　有限责任公司设立的条件

1.4.1.2　设立的程序

有限责任公司设立的程序如图1-3所示。

订立公司章程

股东缴纳出资并验资 ···· 股东缴纳出资后，必须经依法设立的验资机构（如依法设立的会计师事务所）验资并出具证明

申请设立登记 ···· 公司经核准登记后，领取公司营业执照，公司营业执照签发日期为公司成立日期

图1-3　有限责任公司设立的程序

1.4.2 有限责任公司的组织机构

有限责任公司的组织机构为股东会、董事会、监事会。

1.4.2.1 股东会（有限公司的权力机构）

（1）股东会的职权为：选举和更换由"非职工代表"担任的董事、监事，决定有关董事、监事的报酬事项。

（2）监事会。所有的监事会（不管是有限责任公司、国有独资公司还是股份有限公司）均应包括职工代表，职工代表的比例不得低于监事会人数的1/3。

（3）董事会。只有"国有独资公司""由两个以上的国有企业投资设立的有限责任公司"的董事会，才必须包括职工代表。

 相关链接 ▶▶▶ --

股东会的会议制度

一、股东会会议

（1）股东会会议分为定期会议和临时会议。代表1/10以上表决权的股东、1/3以上的董事，监事会或者不设监事会的公司的监事提议召开临时会议的，应当召开临时会议。

（2）首次股东会会议由"出资最多"的股东召集和主持。以后的股东会会议，由董事会召集，董事长主持。

（3）股东会会议由股东按出资比例行使表决权。

二、股东会的特别决议

（1）修改公司章程。

（2）增加或者减少注册资本的决议。

（3）公司合并、分立、解散。

（4）变更公司形式（如有限责任公司变更为股份有限公司）。

上述决议必须经代表2/3以上表决权的股东通过。

1.4.2.2 董事会（股东会的执行机构）

董事会是股东会的执行机构，其人员组成及职权如图1-4所示。

1.4.2.3 监事会

有限责任公司设立监事会，其成员不得少于3人。股东人数较少或者规模较小的有限责任公司，可以设1～2名监事，不设立监事会。

（1）有限责任公司董事会由 3 ～ 13 人组成。

（2）两个以上的国有企业投资设立的有限责任公司，董事会成员中"应当"包括职工代表；其他有限责任公司董事会成员中也可以有职工代表（也可以没有）。

（3）董事会设董事长一人，"可以"设副董事长。

（4）有限责任公司董事长、副董事长的产生办法由公司章程规定。

（5）董事任期由公司章程规定，但每届任期不得超过 3 年，连选可以连任。

董事会的组成

董事会的职权

董事会的一般职权是"制定方案"，提交股东会表决通过；董事会有权直接"决定"的事项包括以下几点。

（1）决定公司的经营计划和投资方案。

（2）决定公司内部管理机构的设置。

（3）决定聘任或者解聘公司经理；根据经理的提名，聘任或者解聘公司副经理、财务负责人，并决定其报酬事项。

小公司的特别规定

（1）股东人数较少或者规模较小的有限责任公司，可以设 1 名执行董事，不设立董事会，执行董事可以兼任公司经理。

（2）股东人数较少或者规模较小的有限责任公司，可以设 1 ～ 2 名监事，不设立监事会。

图1-4 董事会

监事会应当包括股东代表和适当比例的公司职工代表，其中职工代表比例不得低于1/3。

董事、高级管理人员不得兼任监事。高级管理人员是指公司的经理、副经理、财务负责人、上市公司董事会秘书等。

 相关链接 ▶▶▶

一人有限责任公司

一人有限责任公司是指只有一个自然人股东或者一个法人股东的有限责任公司。

特别规定如下。

（1）一个自然人只能投资设立一个一人有限责任公司。

（2）注册资本最低10万元。

（3）一次足额缴纳，不允许分期。

（4）不设股东会。

1.4.3　有限责任公司的股权转让

1.4.3.1　股东向股东以外的人转让股权

（1）股东向股东以外的人转让股权，应当经"其他"股东"过半数"同意。

（2）股东应就其股权转让事项书面通知其他股东征求同意，其他股东自接到书面通知之日起满30日未答复的，视为同意转让。

（3）不同意的股东应当购买该转让的股权，不购买的，视为同意转让。

（4）经股东同意转让的股权，在同等条件下，其他股东有优先购买权。两个以上股东主张行使优先购买权的，协商确定各自的购买比例；协商不成的，按照转让时各自的出资比例行使优先购买权。

（5）公司章程对股权转让另有规定的，从其规定。即公司章程可以对股权转让作出与《中华人民共和国公司法》（以下简称《公司法》）不同的规定。

1.4.3.2　股东会中的股权转让

（1）股东向股东以外的人转让股权不需要经过股东会的决议。

（2）股东转让股权后，公司应当注销原股东的出资证明书，向新股东签发出资证明书，并相应修改公司章程和股东名册中有关股东及其出资额的记载。对公司章程的该项修改"不需"再由股东会表决。

1.4.3.3　人民法院强制转让股东股权

人民法院强制转让股东股权是指人民法院依照民事诉讼法等法律规定的执行程序，强制执行生效的法律文书时，以拍卖、变卖或者其他方式转让有限责任公司股东的股权。

人民法院在强制转让股东股权时，应当通知公司及全体股东，其他股东在同等条件下有优先购买权。

1.4.4　股份有限公司的设立

1.4.4.1　设立方式

（1）发起设立。由发起人认购公司应发行的全部股份而设立公司。

（2）募集设立。由发起人认购公司应发行股份的一部分，其余股份向社会公众募集或者向特定对象募集而设立公司。

1.4.4.2　设立条件

股份有限公司的设立条件如图1-5所示。

条件一　发起人符合法定人数

> 股份有限公司的发起人为 2 ～ 200 人，其中须有半数以上的发起人在中国境内有住所

条件二　注册资本

> 500万元

条件三　出资方式

> 发起人可以用货币出资，也可以用实物、知识产权、土地使用权等可以用货币估价并可以依法转让的非货币财产作价出资
> 全体发起人的货币出资金额不得低于注册资本的30%

条件四　出资额

> （1）发起设立。股份有限公司采取发起设立方式的，注册资本为在公司登记机关登记的全体发起人"认购"的股本总额，全体发起人的首次出资额不得低于注册资本的 20%，其余部分由发起人自公司成立之日起 2 年内缴足；其中投资公司可以在 5 年内缴足
> （2）募集设立。股份有限公司采取募集方式设立的，注册资本为在公司登记机关登记的"实收股本总额"。以募集设立方式设立股份有限公司的，发起人认购的股份不得少于公司股份总数的35%

图1-5　股份有限公司的设立条件

1.4.4.3　发起人的义务

股份有限公司成立后，发现作为设立公司出资的非货币财产的实际价额显著低于公司章程所定价额的，应当由交付该出资的发起人补足其差额；其他"发起人"承担连带责任。

1.4.5 股份有限公司的组织机构

1.4.5.1 股东大会

股东大会是公司的权力机构。股东大会由全体股东组成，公司的任何一个股东，无论其所持股份有多少，都是股东大会的成员。股东大会分为股东年会和临时股东大会两种，如图1-6所示。

股东年会	是指依照法律和公司章程的规定每年按时召开的股东大会

临时股东大会	是指股份有限公司在出现召开临时股东大会的法定事由时，应当在法定期限2个月内召开的股东大会。包括： （1）董事人数不足法定最低人数5人或者不足公司章程规定人数的2/3时 （2）公司未弥补的亏损达实收股本总额的1/3时 （3）单独或者合计持有公司有表决权股份总数10%以上的股东请求时 （4）董事会认为必要时 （5）监事会提议召开时

图1-6　股东大会的分类

股东大会的决议如下。

（1）普通事项。必须经出席会议的股东所持表决权"过半数"通过。

（2）特别事项。必须经出席会议的股东所持表决权的2/3以上通过。如以下事项。

① 修改公司章程。

② 增加或者减少注册资本。

③ 公司合并、分立、解散。

④ 变更公司形式。

 特别提示 ▶▶▶

股东大会的会议记录由"主持人、出席会议的董事"（而非股东）签名。

1.4.5.2 董事会

股份有限公司董事会的职权与有限责任公司基本相同。

董事会成员为5～19人。

董事会成员中可以有职工代表。董事会中的职工代表由公司职工通过职工代表大会、职工大会或者其他形式民主选举产生。

1.4.5.3　监事会

股份有限公司、有限责任公司监事会的组成、职权基本相同，主要区别在会议频率：有限责任公司的监事会每年至少召开1次，股份有限公司的监事会每6个月至少召开1次。

 **相关链接** ▶▶▶ --

上市公司组织机构的特殊规定

一、增加了股东大会的特别决议事项

上市公司在1年内购买、出售重大资产或者担保金额超过公司"资产总额"30%的，应当由股东大会作出决议，并经出席会议的股东所持表决权的2/3以上通过。

二、上市公司设立独立董事

上市公司独立董事是指，不在公司担任除董事外的其他职务，并与其所受聘的上市公司及其主要股东不存在可能妨碍其进行独立客观判断的关系的董事。

独立董事的主要职责在于对控股股东及其选任的董事、高级管理人员，以及其与上市公司进行的关联交易进行监督。

三、上市公司设立董事会秘书

董事会秘书是董事会设置的服务席位，既不能代表董事会，也不能代表董事长。董事会秘书是上市公司的高级管理人员。

四、增设关联关系董事的表决权排除制度

上市公司董事与董事会会议决议事项所涉及的企业有关联关系的，不得对该项决议行使表决权，也不得代理其他董事行使表决权。

该董事会会议由过半数的"无关联关系"董事出席即可举行，董事会会议所作决议须经"无关联关系"董事过半数通过。

出席董事会的无关联关系董事人数不足3人的，应将该事项提交上市公司股东大会审议。

1.4.6　股份有限公司的股份发行和转让

1.4.6.1　股份发行

股份有限公司的基本特征之一，就是注册资本划分为金额相等的股份，公司的股份采取股票的形式。

股票是指公司签发的证明股东所持股份的凭证。

股票发行价格可以按照票面金额（平价发行），也可以超过票面金额（溢价发行），但不能低于票面金额。

1.4.6.2　股份转让

股份转让的规定如图1-7所示。

| 规定一 | 发起人 |

（1）发起人持有的本公司股份，自公司成立之日起1年内不得转让

（2）公司公开发行股份前已发行的股份，自公司股票在证券交易所上市交易之日起1年内不得转让

| 规定二 | 董事、监事、高级管理人员 |

（1）董事、监事、高级管理人员（经理、副经理、财务负责人）在任职期间每年转让的股份不得超过其所持有本公司股份总数的25%

（2）董事、监事、高级管理人员所持本公司股份，自公司股票上市交易之日起1年内不得转让

（3）董事、监事、高级管理人员离职后6个月内，不得转让其所持有的本公司股份

（4）公司章程可以对公司董事、监事、高级管理人员转让其所持有的本公司股份作出其他限制性规定

| 规定三 | 可以收购本公司股份的法定条件 |

（1）减少公司注册资本。应当经股东大会决议，公司收购本公司股份后，应当自收购之日起10日内注销

（2）与持有本公司股份的其他公司合并。应当经股东大会决议，公司收购本公司股份后，应当在6个月内转让或者注销

（3）将股份奖励给本公司职工。应当经股东大会决议，收购的本公司股份，不得超过本公司已发行股份总额的5%，用于收购的资金应当从公司税后利润中支出，所收购的股份应当在1年内转让给职工

（4）股东因对股东大会作出的公司合并、分立决议持有异议，要求公司收购其股份的。公司收购本公司股份后，应当在6个月内转让或者注销

图1-7　股份转让的规定

1.5　公司董事、监事、高级管理人员的资格和义务

1.5.1　公司董事、监事、高级管理人员的资格

以下人员不得担任公司董事、监事、高级管理人员。

（1）无民事行为能力或者限制民事行为能力。

（2）因犯有贪污、贿赂、侵占财产、挪用财产罪或者破坏社会经济秩序罪，被判处刑罚，执行期满未逾5年，或者因犯罪被剥夺政治权利，执行期满未逾5年。

（3）担任因经营不善破产清算的公司、企业的董事或者厂长、经理，并对该公司、企业的破产负有个人责任的，自该公司、企业破产清算完结之日起未逾三年。

（4）担任因违法被吊销营业执照、被责令关闭的公司、企业的法定代表人，并负有个人责任的，自该公司、企业被吊销营业执照之日起未逾三年。

（5）个人所负数额较大的债务到期未清偿。

（6）国家公务员不得兼任公司的董事、监事、经理。

（7）公司的董事、高级管理人员不得兼任公司的监事。

1.5.2　董事、高级管理人员不得有下列行为

（1）挪用公司资金。

（2）将公司资金以其个人名义或者以其他个人名义开立账户存储。

（3）违反公司章程的规定，未经股东会、股东大会或者董事会同意，将公司资金借贷给他人或者以公司财产为他人提供担保。

（4）违反公司章程的规定或者未经股东会、股东大会同意，与本公司订立合同或者进行交易。

（5）未经股东会或者股东大会同意，利用职务便利为自己或者他人谋取属于公司的商业机会，自营或者为他人经营与所任职公司同类的业务。

（6）接受他人与公司交易的佣金归为己有。

（7）擅自披露公司秘密。

（8）违反对公司忠实义务的其他行为。

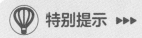 **特别提示** ▶▶▶

　　董事、高级管理人员违反前文条款中规定所得的收入应当归公司所有。

1.5.3 股东诉讼

1.5.3.1 股东代表（公司）诉讼

公司董事、监事、高级管理人员执行公司职务时违反法律、行政法规或者公司章程的规定，给"公司"造成损失的，应当承担赔偿责任。既然给"公司"造成了损失，侵犯了"全体股东"的利益，公司应当作为原告要求董事、监事承担赔偿责任。如果公司不出面的话，股东有权代表公司对董事、监事提起诉讼。

因此，股东代表诉讼（间接诉讼）的目的，是为了保护公司利益和股东的"共同利益"，而不仅是个别股东的利益，为保护个别股东利益而进行的诉讼属于股东直接诉讼。

内部人（董事、监事、高级管理人员）给公司造成损失，提起股东代表诉讼的程序如下。

（1）"董事、高级管理人员"犯错误。找监事会。

（2）"监事"犯错误。找董事会。

（3）如果董事、监事互相包庇。直接找人民法院。

（4）外部人（公司以外的他人）给公司造成损失。股东（有限责任公司的股东、股份有限公司连续180日以上单独或者合计持有公司1%以上股份的股东），可以书面请求董事会或者监事会向人民法院提起诉讼，或者直接向人民法院提起诉讼。

1.5.3.2 股东直接诉讼

公司董事、高级管理人员违反法律、行政法规或者公司章程的规定，损害"股东"利益的，"股东"可以（直接作为原告）向人民法院提起诉讼。

1.6 公司的变更

1.6.1 公司合并可以采取吸收合并或者新设合并

公司合并，应当由合并各方签订合并协议，并编制资产负债表及财产清单。公司应当自作出合并决议之日起10日内通知债权人，并于30日内在报纸上公告。债权人自接到通知书之日起30日内，未接到通知书的自公告之日起45日内，可以要求公司清偿债务或者提供相应的担保。

1.6.2 公司分立，其财产作相应的分割

公司分立，应当编制资产负债表及财产清单。公司应当自作出分立决议之日

起10日内通知债权人，并于30日内在报纸上公告。

公司分立前的债务由分立后的公司承担连带责任。但是，公司在分立前与债权人就债务清偿达成的书面协议另有约定的除外。

1.6.3　公司需要减少注册资本时

公司需要减少注册资本时，必须编制资产负债表及财产清单。

公司应当自作出减少注册资本决议之日起10日内通知债权人，并于30日内在报纸上公告。债权人自接到通知书之日起30日内，未接到通知书的自公告之日起45日内，有权要求公司清偿债务或者提供相应的担保。

公司减资后的注册资本不得低于法定的最低限额。

1.6.4　有限责任公司增加注册资本时

有限责任公司增加注册资本时，股东认缴新增资本的出资，依照公司法设立有限责任公司缴纳出资的有关规定执行。

1.7　公司的解散与清算

1.7.1　公司解散的原因

公司因下列原因可以解散。

（1）公司章程规定的营业期限届满或者公司章程规定的其他解散事由出现。

（2）股东会或者股东大会决议解散。

（3）因公司合并或者分立需要解散。

（4）依法被吊销营业执照、责令关闭或者被撤销。

（5）人民法院依照《公司法》第一百八十三条的规定予以解散。

1.7.2　公司清算组

（1）应当在解散事由出现之日起15日内成立清算组。

（2）有限责任公司清算组由股东组成，股份有限公司的清算组由董事或者股东大会确定人员组成。债权人可以申请人民法院指定人员组成清算组进行清算。

第2章

开办资金预算与筹集

 引言 ▶▶▶

　　资金的管理和流通，对任何一个企业在任何一个阶段都是至关重要的。

　　开公司的首要目的是赚钱。创业者要懂经营、会理财，掌握一定的财务知识，了解利用并享受国家相应的优惠政策。创业者要懂得理财之道，即聚财之道、用财之道、生财之道。聚财之道用于筹集资金；用财之道体现资金的分割与控制；生财之道体现资金的周转和利润的实现。三者必须统筹兼顾，缺一不可，资金只有不停地周转运作，你才可以赚取最大的利润。

2.1 预测启动资金

启动资金，就是开办企业必须购买的物资开支和必要的其他开支。也就是从你为新企业投入开始，到企业达到收支平衡前你必须要准备的资金总量。

2.1.1 启动资金的用途

你的启动资金将用于以下方面。

（1）支付场地（厂房、办公室、店铺等）费用和装修费用。

（2）办理营业执照和相关许可证。

（3）购买设备、机器。

（4）购置办公家具和办公用品。

（5）采购原材料、库存商品。

（6）开业前的广告和促销。

（7）招聘、培训员工，给员工发工资。

（8）支付水电费、电话费、交通费。

总之，各种支出"花钱似流水"，"兵马未动，粮草先行"，因此我们要认真、仔细预测好到底需要多少启动资金才能把公司开起来。

我们可以把启动资金按用途分为两大类，具体如图2-1所示。

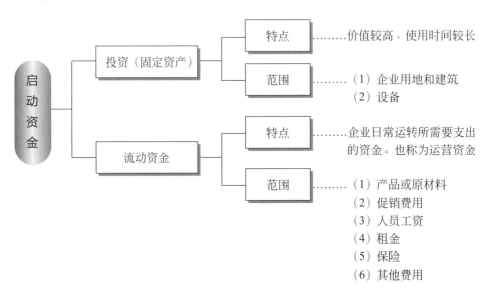

图2-1　启动资金的类别

2.1.2　计算启动资金的步骤

预测启动资金的思路和步骤如下。

（1）列出所有支出项目。

（2）按照"固定资产投入"和"流动资金"分类。

（3）填入每个项目的具体预测金额。

（4）处理特殊情况（保险等）。

（5）合计"固定资产投入"与"流动资金"总和（见表2-1）。

表2-1　启动资金预测表

序号	支出项目	预测金额
固定资产投入		
1	生产设备	
2	办公家具及设备	
3	固定资产折旧	
4	……	
	小计	
流动资金		
1	员工工资	
2	原料费用	
3	流动现金	
4	一次性费用	
5	装修费	
6	水电费	
7	保险费	
8	广告费	
9	设备费	
10	税费	
11	设备维修费	
12	押金	
13	库存	
14	工厂租金	
15	店铺租金	
16	杂费	
	……	
	小计	
	合计	

2.1.3 投资（固定资产）预测

固定资产投资包括：企业所购置的价值较高、使用寿命长的东西。如房屋及建筑物、机器设备、运输设备、工具器具等，如图2-2所示。

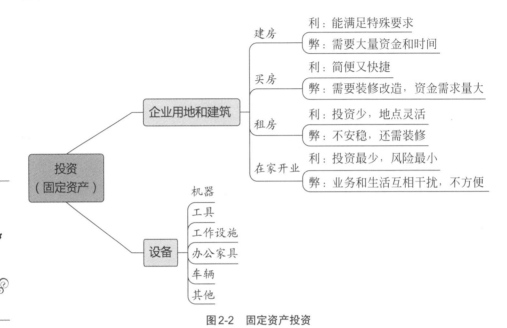

图2-2　固定资产投资

除了必不可少的东西非买不可外，尽量少"投资"，以降低经营风险。当然固定资产可以折旧，即分期打入成本逐渐回收。

设备投资预测时要特别注意不同行业、不同规模的、不同经营范围的企业对设备需求的差别很大。所以，必须了解清楚必需的设备，选择正确的设备类型，尽量节省设备投资。即使你只需少量设备也应测算并纳入计划（见表2-2）。

表2-2　投资（固定资产和开办费）列表

序号	项目	费用/元
一	建工棚	
	平整场地	
	搭建工棚	
二	工棚设备	
	桌椅板凳	
	电线、电灯	
	灭火器	
	办公用品	

序号	项目	费用/元
三	生产工具设备	
	工具	
	晾晒架	
	两个工作台	
四	开办费	
	注册和营业执照费	
	市场调查费、咨询费	
	培训费、技术材料费	
五	投资总额	

2.1.4　流动资金预测

流动资金投资包括：企业日常运转时所需支付的资金，如工资、原材料、产品储存、现金、应收及预付款、促销费用、租金、保险费、电费、办公费、交通费等。流动资金的最大特点就在于：随时变化。

企业最初收入取得之前必须要有可以支付各种费用的资金。

适当的流动资金准备能使企业从容应对各种费用的支付。一般来说，在销售收入能够收回成本之前，微小企业事先至少要准备3个月的流动资金。为预算更加准确，你必须制订一个现金流量计划。

2.1.4.1　流动资金的范围

流动资金主要用于以下方面。

（1）原材料和商品库存。

（2）促销。

（3）工资。

（4）租金。

（5）保险。

（6）其他费用（不可预见费）。

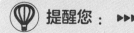 提醒您：▶▶▶

至少要准备企业开办头三个月所需的流动资金。

2.1.4.2 流动资金的预测

流动资金的预测主要包括6项内容，具体见表2-3。

表2-3 流动资金的预测

序号	类别	具体说明
1	原材料和商品的存货	（1）原材料资金包括：为满足制造、加工的需要，制造商预测销售前的生产储料资金，预测顾客付款前的服务用料资金 （2）商品的存货：零售商和批发商营业前库存商品的流动资金预测
2	促销	包括4P（产品product，价格price，渠道place，促销promotion）计划的促销成本
3	工资	起步阶段也要给员工开支。计算方法：月工资总额×没收支平衡的月数
4	租金	企业一开张就要支付租金，计算方法为：月租金额×没收支平衡的月数
5	保险	保险有两种：社会保险和商业保险。开业时准备交的保险也在启动资金数额内
6	其他费用	包括水电费、办公用品费、交通费、电话费、不可预见费（统称公用事业费）等。起步时纳入启动资金数额内

案例

某企业在销售收入能够收回成本之前，企业头3个月流动资金准备至少要准备3个月的流动资金，如下表所示。

项目	每个月费用/元	头3个月所需流动资金/元
原材料和商品的存货	20800	62400
工资	30000	90000
市场营销和促销	3000	9000
保险费（全年）		
水电费	8000	24000
电话费	1000	3000
流动资金总额	62800	188400

2.1.5 总的启动资金预测

总的启动资金，其计算公式为：

启动资金总额=投资（固定资产+开办费）+流动资金总额

2.1.6　预测启动资金要注意的问题

（1）必须意识到"启动资金周转不灵，就会导致企业夭折"。

（2）必须核实你的启动资金持续投入期，即在你没取得销售收入以前须投入多长时间的流动资金。

（3）必须将投资和流动资金需求量降至最低。依据"必须、必要、合理、最低"的原则，该支出的必须支出，能不支出的坚决不支出。

（4）必须保持一定量的流动资金"储备"，以备不时之需。

2.2　开办资金的筹措

企业的资金有很多来源，如图2-3所示。

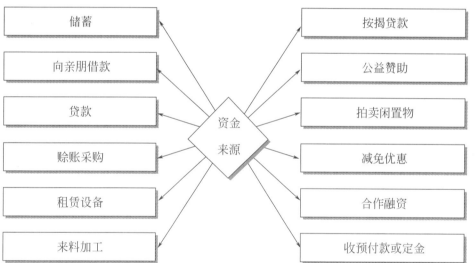

图2-3　企业资金的来源

你办企业的资金主要从哪里来？具体如图2-4所示。

图2-4　办企业的资金主要来源

2.2.1　自有资金

自有资金就是将自己积蓄多年的钱拿出来创业。这是自己说了算的。这是创业的最源头的资金。这是企业的真正原始投资，也可称为原始股。

2.2.2　向亲人好友借款

从朋友或亲戚处借钱是开办企业最常见的做法。但是，一旦你的企业办失败了，亲戚朋友会因收不回自己的钱，而伤了感情。因此，你要向他们说明借钱给你具有一定的风险。千万不要因为自己的创业而影响到亲人好友的关系。这样是得不偿失的。

为了让他们了解你的企业，你要给他们一份你的创业计划副本，并定期向他们报告创业的进展情况。

2.2.3　向银行贷款

向银行贷款是现代创业者选择最为广泛的一种模式，但是这种形式一般的情况下需要有固定资产的抵押。而国家也出台了一些政策支持创业贷款。创业者的创业计划书需要做到全面具体才能够获得银行贷款的支持。自身的形象也是一个需要考虑的因素，不要给银行人员一个自身随意邋遢的形象。

目前各银行推出一种创业贷款，创业者可以充分地加以利用。

2.2.3.1　什么是创业贷款

创业贷款是指具有一定生产经营能力或已经从事生产经营的个人，因创业或再创业提出资金需求申请，经银行认可有效担保后而发放的一种专项贷款。符合条件的借款人，根据个人的资源状况和偿还能力，最高可获得单笔50万元的贷款支持。

2.2.3.2　个人创业贷款需要什么条件

个人创业贷款适用的范围广泛，只要符合一定贷款条件，能够提供银行认可的担保方式的个人、个体工商户、个人独资企业，都可申请投资贷款。另外，各银行还会有具体规定。申请个人创业贷款的借款人必须同时具备以下条件。

（1）具有完全民事行为能力，年龄在50岁以下。

（2）持有工商行政管理机关核发的工商营业执照、税务登记证及相关的行业经营许可证。

（3）从事正当的生产经营活动，项目具有发展潜力或市场竞争力，具备按期偿还贷款本息的能力。

（4）资信良好，遵纪守法，无不良信用及债务记录，且能提供银行认可的抵押、质押或保证。

（5）在经办机构有固定住所和经营场所。

（6）银行规定的其他条件。

2.2.3.3　贷款额度、期限和利率

（1）额度。个人创业贷款金额最高不超过借款人正常生产经营活动所需流动资金、购置（安装或修理）小型设备（机具）以及特许连锁经营所需资金总额的70%。

（2）期限。个人创业贷款期限一般为2年，最长不超过3年，其中生产经营性流动资金贷款期限最长为1年。

（3）利率。个人创业贷款执行中国人民银行颁布的期限贷款利率，可在规定的幅度范围内上下浮动。

2.2.3.4　申请创业贷款有哪些方式

（1）抵押贷款。抵押贷款金额一般不超过抵押物评估价的70%，贷款最高限额为30万元。如果创业需要购置沿街商业房，可以以拟购房子作抵押，向银行申请商用房贷款，贷款金额一般不超过拟购商业用房评估价值的60%，贷款期限最长不超过10年。

（2）质押贷款。除了存单可以质押外，以国库券、保险公司保单等凭证也可以轻松得到个人贷款。存单质押贷款可以贷存单金额的80%；国债质押贷款可贷国债面额的90%；保险公司推出的保单质押贷款的金额不超过保险单当时现金价值的80%。

（3）保证贷款。如果你的配偶或父母有一份较好的工作，有稳定的收入，这也是绝好的信贷资源。

当前银行对高收入阶层情有独钟，律师、医生、公务员、事业单位员工以及金融行业人员均被列为信用贷款的优待对象，这些行业的从业人员只需找一至两个同事担保就可以在工行、建行等金融机构获得10万元左右的保证贷款，在准备好各种材料的情况下，当天即能获得批准，从而较快地获取创业资金。

2.2.3.5　成功申请创业贷款有哪些技巧

银行在调查借款人的资质时，主要从五个方面来综合衡量（图2-5），摸准银行的脉搏就可以对号入座，提高成功申请贷款的概率。

要点一 > 银行对于借款人的综合评价

包括借款人与其家庭、教育、社会背景、行业关系征信及诉讼资料、评估品格（诚实信用）及其责任感

要点二 > 对借款人创业项目的考察

包括项目的获利能力（特别是营业利益），主要经营者是否具备足够的经验及专业知识，对继位经营者的培植情形及行业未来的企划作业

要点三 > 个人征信情况

包括有无不诚实或信用欠佳记录；与银行往来是否均衡；有无以合作态度提供征信资料

要点四 > 资金用途

这一点是银行评估信用的核心。包括资金启用计划是否合法、合理、合情及符合政策；另外，还款来源是确保授信债权本利回收的前提要件，因此，银行还要分析借款人偿还授信的资金来源

要点五 > 债权保证

内部保证，指银行与借款人之间的直接关系；外部保障，指由第三者对银行承担借款人的信用责任而言，有保证书等

图2-5　银行调查借款人资质的要点

🌐 **相关链接** ▶▶▶ -

创业贷款优惠政策

一、返乡农民工小额创业贷款

对返乡农民工和其他初始创业者，在自主创业期间银行可提供5万元以内的小额担保贷款；对合伙经营、组织起来创业并经工商管理部门注册登记的，小额担保贷款额度可增加到20万元；对已经通过小额担保贷款扶持实现成功创业，且按时归还小额担保贷款的，可视其经营扩大和带动就业人数（5人以上）增加的情况，提供二次小额担保贷款扶持，最高限额不超过30万元。

二、大学生创业贷款优惠政策

1.大学生创业贷款优惠政策

（1）大学毕业生在毕业后2年内自主创业，到创业实体所在地的工商部门办理营业执照，注册资金（本）在50万元以下的，允许分期到位，首期到位资金不低于注册资本的10%（出资额不低于3万元），1年内实缴注册资本追加到50%以上，余款可在3年内分期到位。

（2）大学毕业生新办咨询业、信息业、技术服务业的企业或经营单位，经税务部门批准，免征企业所得税2年；新办从事交通运输、邮电通信的企业或经营单位，经税务部门批准，第1年免征企业所得税，第二年减半征收企业所得税；新办从事公用事业、商业、物资业、对外贸易业、旅游业、物流业、仓储业、居民服务业、饮食业、教育文化事业、卫生事业的企业或经营单位，经税务部门批准，免征企业所得税1年。

（3）各国有商业银行、股份制银行、城市商业银行和有条件的城市信用社要为自主创业的毕业生提供小额贷款，并简化程序，提供开户和结算便利，贷款额度在5万元左右。贷款期限最长为2年，到期确定需延长的，可申请延期一次。贷款利息按照中国人民银行公布的贷款利率确定，担保最高限额为担保基金的5倍，期限与贷款期限相同。

2.大学生创业贷款需要资料

（1）大学生创业贷款申请者及配偶身份证件（包括居民身份证、户口簿或其他有效居住证原件）和婚姻状况证明。

（2）大学生创业贷款申请者个人或家庭收入及财产状况等还款能力证明文件。

（3）大学生创业贷款申请者的营业执照及相关行业的经营许可证，贷款用途中的相关协议、合同或其他资料。

（4）大学生创业贷款申请者的担保材料。抵押品或质押品的权属凭证和清单；有权处分人同意抵（质）押的证明；银行认可的评估部门出具的抵（质）押物估价所告。

大学生在毕业之后如果想要申请创业贷款，首先你肯定是已经想好了自己的发展方向，然后你发展的方向一定要有发展、有前景，银行或者金融机构才会对你的创业感兴趣，会觉得你的创业风险相对较低。

三、残障人士创业贷款优惠

残疾人申请创业贷款的时候，首先应向当地民政局或者残疾人基金会进行咨询。若是民政局或者残疾人基金会恰巧有您所创业的项目资金，到民政局申请，可申请到贴息贷款。

如果是民政局没有你创业项目的贷款，就需要到银行办理创业贷款的申请。办理时，申请者需要提供的资料有：残疾证、个人身份证明、收入证明、营业执照，以及居住证明、3个月以上的水电气缴费清单等辅助证明。

在申请享受残疾人贷款优惠政策的时候，需要注意的是：各个地方出台的相关政策以及具体要求有所不同，所以在申请贷款之前，不仅要在网上查询，还要实地到当地的负责残疾人力资源管理部门进行咨询。弄清楚需要的证件和其他材料再进行申请，以免造成不必要的麻烦。

残疾人申请贷款，主要可享受到的政策包括以下两点。

（1）贷款利率优惠。通常，凡能申请到贷款的残疾人，均可申请贷款利率的补贴，最高申请人可获得90%的贴息。

（2）残疾人贷款专项资金。不少地区还针对残疾人设立有专业的残疾人创业专项扶持资金，残疾人到此可申请到几万元到十几万元的小额扶持贷款。

2.2.4 寻找合作伙伴筹资

寻找合作伙伴筹资能够降低创业的风险，而寻找合作伙伴有一个前提便是合作伙伴要对自身的创业有促进的作用，两者的合作能够提高创业的成功率。

2.2.5 从供货商处赊购

在制造业中，可以从供货商那里赊一部分账。不过，这也不容易，因为大多数供货商只有在弄清楚你的企业确实能够运转良好之后，才会为你提供赊账。

2.2.6 风险投资

风险投资也被称为天使投资，能够获得风投很大程度上说明了自身创业项目的被看好。所以获得风投也是极为困难的，就如受到天使的青睐。这就需要创业者要有完整的创业计划和优质的创业项目才能吸引到风投者。

2.2.6.1 什么是天使投资

天使投资（Angel Investment），是权益资本投资的一种形式，是指富有的个人出资协助具有专门技术或独特概念的原创项目或小型初创企业，进行一次性的前期投资。

2.2.6.2 投资种类

根据美国资本主义的情况，一般规定了天使投资人的总资产一般在100万美元以上，或者其年收入在20万～30万美元，依据你的项目的投资量的大小，可以参考选择天使投资的种类见表2-4。

表2-4 天使投资的种类

序号	种类	具体说明
1	支票天使	他们相对缺乏企业经验，仅仅是出资，而且投资额较小，每个投资案约1万～2.5万美元
2	增值天使	他们较有经验并参与被投资企业的运作，投资额也较大，约5万～25万美元
3	超级天使	他们往往是具有成功经验的企业家，对新企业提供独到的支持，每个案的投资额相对较大，在10万美元以上。根据具体的所有的拿到的项目资金选择合理的对象，这是很关键的

2.2.6.3 天使投资人类型

天使投资人可以分为如下几种类型：富有的个体投资者、家族型投资者、天使投资联合体、合伙人投资者。从天使投资人的背景来划分，天使投资人可以分为如下几类：管理型投资者、辅助型投资者、获利型投资者。

目前我国天使投资人主要有两大类，如图2-6所示。

以成功企业家、成功创业者、VC等为主的个人天使投资人，他们了解企业的难处，并能给予创业企业帮助，往往积极为公司提供一些增值服务，比如战略规划、人才引进、公关、人脉资源、后续融资等，在带来资金的同时也带来联系网络，是早期创业和创新的重要支柱

第一类

第二类

专业人士，比如律师、会计师、大型企业的高管以及一些行业专家，他们虽然没有太多创业经验和投资经验，但拥有闲置可投资金，以及相关行业资源

图2-6 我国天使投资人的类型

2.2.6.4 创业者应避免的8种天使投资人

有不少天使投资人也会摔跟头，所以创业者必须非常小心地验证每一位潜在投资人的性格和声誉。创业者急于获得资金的做法往往会导致灾难性的后果，成为这些不够严谨的投资者手中的玩物。

（1）应避免的8种天使投资人。很多创业者都认为钱天生就是平等的。只要有人认可他们的创意值100万美元，给他们开支票，钱的来源真的并不重要。事

实上，大多数天使投资人都很单纯，但也有一些例外，你如果遇上的话可能会让你付出的比投入的更多。所以创业者应避免8种类种的天使投资人，具体如图2-7所示。

| 类型一 | 鲨鱼型天使投资人 |

这种人是最坏的家伙。他们参与早期投资的唯一目的就是要利用创业者在融资和交易经验方面的缺乏。如果长期负债过程变成了一个纯粹的折磨，那到时候你就得向投资人卑躬屈膝了

| 类型二 | 官司型天使投资人 |

官司型天使投资人会找各种各样的借口把你告上法庭。这种天使投资人从来都不关心你公司可以提供的回报，而是试图通过恐吓、威胁和诉讼来赚钱。他们知道你没有资源跟他们斗，所以算定了你会投降。遇到这样的天使投资人，你就得跟你的律师保持紧密联系

| 类型三 | 高人一等型天使投资人 |

有很多成功的商业人士出身的天使投资人相信自己比其他人有着明显的优越性。这些人通常是些霸道、消极的人，对你所做的每一个决策都会歇斯底里地挑剔。摊上这样的天使投资人，你千万别被吓着做出错误的决策

| 类型四 | 控制狂型天使投资人 |

这种天使投资人一开始像是你最好的新朋友。一旦你得到融资后，他就等着。只要你一犯错误，他就会拿出协议，要求将赋予他更多的控制权的条款升级成他必须进入你的公司的条款，由他亲自掌控你的公司。这时，唯一能救你的就是你的董事会了

| 类型五 | 教程式天使投资人 |

教程式天使投资人不是控制你，而是想在每一件事上都手把手地教你。这在投资之前提供辅导听起来不错。但他们给你开了支票后，就想一天 24 小时帮你。这就是最大的烦扰。最初，你对他们的投资表示感谢，也可能会对他们表示宽容，但是最终这种重担会把你压垮。跟他们保持距离是最好的解决办法

类型六 ▷ 过气天使投资人

这样的天使投资人往往出现在每一次的经济扰动期。他们通常都是有资金流动问题的"空中飞人"。他们每天会参加一些俱乐部，但却背着债务。他们会跟你见面，而且会问你很多个问题，但是从来都不会跟你成交。跟他们打交道，你要学会结束谈话

类型七 ▷ 哑巴天使投资人

财富不是商业精英的代名词。你可以通过他们问的问题来判断他们是不是哑巴天使投资人。如果他们问一些肤浅的问题或者根本不懂业务，那就不可能跟他们形成成功的长期合作关系。但是不要忘记，有钱人通常会有些精明的朋友

类型八 ▷ 经纪人假扮天使投资人

这种人到处都有，通常会扮成律师和会计师。他们根本没意向投资你的公司，而是会诱使你签署向你介绍真正投资人的收费协议。经纪人的工作往往是值得付费的，但是要认清谁是天使，千万别被误导

图2-7 应避免的8种天使投资人

（2）如何避免以上这些天使投资人。只要有可能，只接受可信的个人投资或专业的天使投资机构的投资，不要接受故意引诱你的人。即使这样，你也要在业内做一些调查，问问他们投资过的其他公司，问问这些公司的老板，看看他们的投资人是什么样的人。

另外，要让律师来写最初的投资文件或长期负债表，而不是让投资人写。这样的文件应该是给你所有的投资人的标准文档，而不是可以用来一对一谈判的。要注意补充条款可能会回咬你一口。并不是所有的天使都想赚一双自己的翅膀。

 相关链接 ▶▶▶ --

国内专业的天使投资机构

现阶段，国内专业的天使投资机构并不多，但其中也不乏优秀的投资团队。如天使湾创投、泰山天使、亚洲搭档种子基金、赛伯乐投资基金等都是其中的佼佼者。

一、天使湾创投（Tisiwi）

天使湾创投（Tisiwi），专注于互联网的天使投资基金，它只投资仍然处在早期用户积累，业务/商业模式的探索阶段的初创公司。天使湾提供以下两种类型的投资服务。

第一类，天使投资——投资金额在50万元至500万元人民币，标准是产品已经上线运营中，有一定用户规模，产品价值得到小规模目标用户的初步验证，或者产品开发中，尚未得到初期市场/用户的验证，但有非常优秀的团队支撑。

第二类，聚变计划——投资金额20万元，换取8%股份。聚变计划借鉴了美国硅谷著名孵化器Y Combinator，天使湾创投从2011年8月起开始开放聚变计划申请，天使湾聚变计划目前已进行到第4季。

二、泰山天使（Taishan Invest）

泰山天使（Taishan Invest）是一个为中国高速发展中的处于"天使阶段"和"初创阶段"的企业提供投资的机构化的天使投资基金，2008年由著名的欧洲山友集团和中国成功企业家联合创立。泰山天使把在欧美经过验证的天使投资模式、充足的资本、先进的管理经验、多元的退出渠道引进到了中国，并结合中国市场的现状，创建中国天使投资领先性机构。其与亚洲搭档种子基金（DaD-Asia）共同投资的佳品网已经取得了骄人的成绩。

三、亚洲搭档种子基金（DaD-Asia）

亚洲搭档种子基金（DaD-Asia）是一家来自西班牙的专注于投资互联网领域的天使投资机构，有着光辉的背景和历史。其母公司DaD集团在欧美共投资了40多个互联网相关项目，在业内有着领头羊地位。亚洲搭档种子基金于2008年进入中国，现阶段已经成功投资了12个项目，包括球迷网、佳品网、风向标等。

四、赛伯乐投资基金（Cybernaut）

赛伯乐投资基金（Cybernaut）由著名投资人美国网讯公司创始人朱敏先生发起成立。作为中国投资基金的领导者之一，赛伯乐（中国）投资重点关注早期期具有强大整合平台价值的企业。其与创业者建立真正的事业伙伴关系，助其开拓全球化的发展视野，一起创建中国市场的领导者和国际化的大企业。其投资项目包括连连科技、聚光科技等。

2.2.7　融资租赁

融资租赁是一种以融资为直接目的的信用方式，表面上看是借物，而实质上是借资，以租金的方式分期偿还。该融资方式具有以下优势：不占用创业企业的银行信用额度；创业者支付第一笔租金后即可使用设备，而不必在购买设备上大量投资，这样资金就可调往最急需用钱的地方。

融资租赁这种筹资方式，比较适合需要购买大件设备的初创企业，但在选择时要挑那些实力强、资信度高的租赁公司，且租赁形式越灵活越好。

2.2.8 其他方式

除了上述的几种筹集创业资金的方式外，还有其他的获取创业资金的方法，如典当自身的一些有价值的物品，还有使用信用卡等。当然这些方式是将自身放在了绝路上，不成功便成仁，是不被认可的。

资金不足是创业路上的拦路虎，当你获取不到足够的创业资金时，不妨将创业项目搁置，寻找一份工作开始创业资金的积累和人脉的积累，这不失为一个两全其美的方法，能够学习到更多，积累更多的人脉，为将来的创业打下坚固的基础。

第3章

制订利润计划与商业计划书

零基础开公司——新手开公司从入门到精通

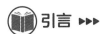 引言 ▶▶▶

　　银行和信贷机构在决定是否给您贷款时会仔细地审查您的商业计划书。商业计划书包含了您和您的员工用于判断是否成功所使用的主要标准。另外，商业计划书也可帮助您确定第一步做什么、第二步做什么或不做什么。

3.1　制订利润计划

制订利润计划，可以掌握企业的实际运转情况，清楚企业是否有利润，使你既看到销售也看到成本，并知道是否在盈利。如果盈利，就持续做下去（继续做计划）；如果亏损，需要及时弄明白哪个环节出了问题，调整后重新做计划。

制订利润计划主要是为了解决以下核心问题：制定销售价格、制订收入和成本计划、预测现金流量。影响利润计划的因素比较多，所以计划的可变性也较高，不少创业者就是因为对财务问题不敏感导致失败。

3.1.1　确定产品的销售价格

利润计划的第一步是确定产品的销售价格，这一步的难点在于如何精确核算各项成本。企业成本包括固定成本和可变成本，创业者要做到心中有数，尤其是可变成本，因为它会随着销售额的变化而变化。另外，要注意我国对于中小企业折旧率和增值税的相关规定，像店铺的折旧率为5%，小规模纳税人的增值税率为6%。在核算成本后，根据成本加价法和比较同类价格法来确定产品价格。

3.1.1.1　成本加价法

成本加价法，就是以成本为基数，加上一定比例的毛利率。其计算公式为：

$$销售价格 = 成本价格 \times （1 + 利润率）$$

（1）计算的步骤。计算分为两个步骤。

第一步，将制作或者提供服务的全部费用加起来，得到成本价格。

第二步，在成本价格上加上一定百分比的利润就得出销售价格。

（2）企业成本的构成。企业的成本由三部分构成，如图3-1所示。

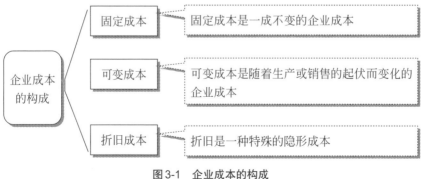

图3-1　企业成本的构成

（3）企业成本计算应注意的问题。

① 办企业到底有没有赚到钱，是计算出来的，不是感觉出来的。不准确计算企业利润，就不能保证企业的良性发展。

② 微小企业小老板常常算得清收入了多少，但搞不清真正的成本是多少。

③ 老板的工资、电话费等没有列在企业的费用里，就会少算支出、虚增收入。

④ 微小企业老板经常忽略的是折旧费的计提。折旧费是企业设备更新改造的保障，任何企业都要把折旧计入成本，微小企业也不例外。

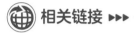 **相关链接** ▶▶▶ --------------------------------

什么是折旧成本

折旧：是一种特殊成本，它是由于固定资产不断贬值而造成的一种成本。

例如：工具和设备、交通工具、办公家具等固定资产的贬值会产生折旧。

根据中国税法制定的折旧率见下表。

中国税法制定的折旧率

序号	固定资产类型	每年折旧率
1	工具和设备	20%
2	办公家具	20%
3	机动车辆	10%
4	店铺	5%

折旧只是针对固定资产而言的。虽然不是企业的现金支出，但仍是一种成本。

折旧的计算有多种计算方法，如下所述。

（1）年限平均法。又称直线法，是指将固定资产的应记折旧额均衡地分摊到固定资产预计使用寿命内的一种方法。其计算公式为：

年折旧率=（1-预计净残值率）÷预计使用寿命（年）×100%

月折旧率=年折旧率/12

月折旧额=固定资产原价×月折旧率

（2）工作量法。是根据实际工作量计算每期应提折旧额的一种方法。其计算公式为：

单位工作量折旧额=固定资产原价×（1-预计净残值率）/预计总工作量

某项固定资产月折旧额=该项固定资产当月工作量×单位工作量折旧额

（3）双倍月递减法。是指在不考虑固定资产预计净残值的情况下，根据每期期初固定资产原价减去累计折旧后的余额的双倍的直线法折旧率计算固定资产折旧的一种方法。其计算公式为：

年折旧率＝2/预计使用寿命（年）×100%

月折旧率＝年折旧率/12

月折旧额＝固定资产账面净值×月折旧率

（4）年数总和法。其计算公式为：

年折旧率＝尚可使用年限/预计使用寿命的年数总和×100%

月折旧率＝年折旧率/12月折旧额＝（固定资产原价－预计净残值）×月折旧率

（4）企业成本管理应注意的问题。

① 办企业收入往往是不可控的，而成本是自己可控的。

② 控制成本的前提，是做好费用预算，变随意开支为有计划的理性开支。

③ 对于新创办的企业，严格区分个人消费和企业成本，"两个口袋两本账"，不要混为一谈。

④ 养成每天记账的好习惯，详细记录每一笔开支，数据积累到了一定程度，就可以进行分析，找出规律，科学管理。

⑤ 采用先进的财务管理工具，可以自动形成财务报表，进行成本分析，控制不必要的成本支出。如：友商网的"储钱罐"、在线财务软件等。

（5）如何计算单位产品成本价格。计算单位产品成本价格可按图3-2所示的步骤进行。

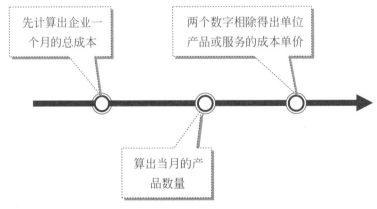

图3-2 计算单位产品成本价格的步骤

其计算公式为：

单位产品成本＝总成本÷产品产量

案例

计算销售价格

第一步：汇总计算出企业总成本（见下表）。

企业成本表

项目	费用/元
原材料和包装	580
工资	600
市场营销和促销	50
保险费	20
维修费	30
电费、电话费	20
折旧及开办费摊销	65
月成本总额	1365

第二步：算出月生产工艺品1200件。

第三步：套用公式。

单位产品成本＝总成本÷产品产量

工艺品的单位成本＝1365元÷1200件＝1.14元/件

第四步：计算一件工艺品的销售价格。

按照成本加32%利润率的办法制定销售价。

不含税出厂单价＝1.14元×（1+32%）＝1.5元

注意：1.这个价格是不含增值税（6%）的，称不含税出厂单价。

含税出厂单价＝1.5元×（1+6%）＝1.59元

2.含税出厂价是含了增值税（6%）的。

3.1.1.2 竞争价格法

竞争价格法是指以市场上相互竞争的同类商品价格为定价基本依据，以竞争状况的变化确定和调整价格水平为特征，与竞争商品价格保持一定的比例，而不过多考虑成本及市场需求因素的定价方法。采用竞争价格法保证你的定价在市场上具有竞争力。

（1）优点。在于考虑到了产品价格在市场上的竞争力。

（2）缺点。

① 过分关注在价格上的竞争，容易忽略其他营销组合可能造成产品差异化的竞争优势。

② 容易引起竞争者报复，导致恶性地降价竞争，使公司毫无利润可言。

③ 实际上竞争者的价格变化并不能被精确地估算。

 案例

> 某款工艺品的类似产品市场零售价在 2 ～ 5 元之间，市场调查时发现价格 2 元多一点的比较好卖。
>
> 如果零售商一次卖 2 元，以含税出厂价 1.59 元推算，零售商还有 26% 的毛利 [提示：毛利计算 （2-1.59）/1.59=26%]。如果零售商卖贵一点，零售商的毛利就会更大，这样就可以刺激零售商的积极性。

实际上可以同时用两种方法来制定价格。

要严格核算产品的成本，成本加价法保证你的定价高出你的成本，不亏本。

随时观察竞争者的价格，竞争比较法以保证你的价格有竞争力，卖得掉。

你的竞争对手对你这家新企业会反应激烈，他们会压低价格使你的新企业难以立足，要有思想准备，灵活应对，扛得住。

3.1.2　预测销售收入

利润计划的第二步是预测销售收入。创业初期，不能过于乐观，宁可把销售情况想得差一些。要注意季节、消费者的购买力因素（如顾客什么时候发工资）等。

3.1.2.1　预测销售收入的意义

预测销售收入的意义如图 3-3 所示。

意义一	是制订销售和成本计划的前提数据
意义二	是企业合理安排仓储与运输的主要依据
意义三	是企业制定和实施价格策略、选择销售渠道和销售促进策略的依据

图 3-3　预测销售收入的意义

3.1.2.2 预测销售收入的步骤

预测销售收入是准备创业计划中最重要和最困难的部分，你需认真面对。一般来说，你可采取图3-4所示的步骤进行。

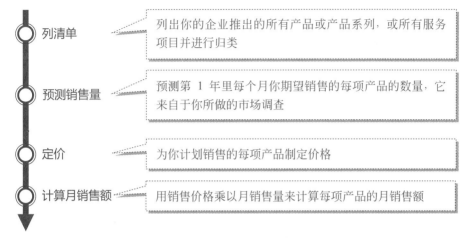

列清单 —— 列出你的企业推出的所有产品或产品系列，或所有服务项目并进行归类

预测销售量 —— 预测第 1 年里每个月你期望销售的每项产品的数量，它来自于你所做的市场调查

定价 —— 为你计划销售的每项产品制定价格

计算月销售额 —— 用销售价格乘以月销售量来计算每项产品的月销售额

图3-4 预测销售收入的步骤

当然你也要将预测结果填写到"销售收入预测表"里，详见表3-1。

表3-1 销售收入预测表

产品或服务	销售情况	月份						合计
		1	2	3	4	……	12	
1	销售数量							
	平均单价							
	月销售额							
2	销售数量							
	平均单价							
	月销售额							
3	销售数量							
	平均单价							
	月销售额							
4	销售数量							
	平均单价							
	月销售额							
5	销售数量							
	平均单价							
	月销售额							

续表

销售情况 产品或服务		月份						合计
		1	2	3	4	……	12	
6	销售数量							
	平均单价							
	月销售额							
7	销售数量							
	平均单价							
	月销售额							
8	销售数量							
	平均单价							
	月销售额							
合计	销售总量							
	销售总收入							

3.1.2.3 预测销售收入注意事项

预测销售收入是创业计划中最重要和最困难的部分。

（1）你在预测时不要太乐观，要留有充分的余地。

（2）千万记住，在开办企业的头几个月里，你的销售收入不会太高。

（3）销售收入是波动的，一般有淡季、旺季的不同，要未雨绸缪。

很多企业成活率低，大多都是预测销售过高而导致盲目投资所致。

3.1.3 制订销售和成本计划

仅仅知道自己的销售收入是不够的，你还必须制订销售和成本计划表（见表3-2），只有这样你才能准确地知道企业是否在挣钱。利润来自销售收入减去企业经营成本，你可通过前两步来得出结论。

表3-2 销售和成本计划表

金额 项目	月份						合计
	1	2	3	4	……	12	
含流转税销售收入							
流转税（增值税等）							
销售净收入							
老板工资							
员工工资							

续表

项目＼金额	月份						合计
	1	2	3	4	……	12	
租金							
营销费用							
公用事业费							
维修费							
折旧费							
贷款利息							
保险费							
登记注册费							
原材料（列出项目）							
（1）							
（2）							
（3）							
（4）							
（5）							
（6）							
总成本							
利润							
企业所得税							
个人所得税							
其他							
净收入（税后）							

制订销售和成本计划要涉及以下公式：

毛利润＝含税销售收入−企业的经营成本（总成本）

净利润＝含税销售收入−增值税及附加税费−总成本

净销售收入＝含税销售收入（毛收入）−增值税

＝含税销售收入÷（1+增值税税率）

应纳增值税＝净销售收入×增值税率

3.1.4 编制现金流量计划

现金流量计划是你创业计划中必不可少的一部分，因为现金如同是使企业这台发动机运转的油料。不少老板在创业时常常会发出感慨：如果能再多一些流动资金，我的企业会做得更好。这反映出他们没有制订现金量计划。因为有些销售是赊账的，现金在销售几个月后才能回笼。所以创业者一定要编制一份现金流量计划表（见表3-3），以便自己随时掌握现金流量的动态。

表3-3　现金流量计划表

项目 ＼ 金额/元 ＼ 月份	1	2	……	12	合计
现金流入 月初现金					
现金销售收入					
赊销收入					
贷款					
其他现金流入					
可支配现金（A）					
现金流出 现金采购支出（列出项目）					
（1）					
（2）					
（3）					
赊购支出					
业主工资					
员工工资					
租金					
营销费用					
公用事业费					
维修费					
贷款利息					
偿还贷款本金					
保险费					
登记注册费					
设备					
其他（列出项目）					
税金					
现金总支出（B）					
月底现金（A–B）					

3.1.4.1　为什么要制订现金流量计划

（1）显示每月的现金流入和流出量。

（2）保持企业充足的运营能力。

（3）防止出现现金短缺的致命威胁。

（4）计划中一旦发现现金流量负值时，就能预先采取防范措施加以补救。

3.1.4.2　制订现金流量计划困难的原因

（1）赊账销售

① 营销计划决定部分赊销。

② 赊账不计入当月现金流量计划，影响了现金的回笼。

（2）赊账采购

① 部分支出先赊购，后付现金。

② 赊购支出的记录会出现在以后的月份。

③"非现金"费用。企业某些费用是"非现金"的，如设备折旧不在现金流量计划。

3.1.4.3　表中数据关系提示

现金流入部分：

可支配现金＝月初现金＋销售总收入＋贷款＋业主投资

现金流出部分：

现金总支出＝采购＋工资＋营销费用＋保险＋维修费用＋煤水电费用＋

贷款本息＋固定资产支出＋……＋其他费用支出

月底结余现金部分：

月底现金＝可支配现金－现金总支出

每个月月底现金即为下一个月的月初现金：

月底现金＝下月月初现金

3.2　制订商业计划书

商业计划书是公司、企业或项目单位为了达到招商融资和其他发展目标，向受众全面展示公司和项目目前状况、未来发展潜力的书面材料。在寻求业务合作伙伴（包括客户、供应商以及分销商）时，提供商业计划书已成为必不可少的程序。

3.2.1　为什么要写商业计划书

商业计划不是一个简单的计划，它是能够指导企业运行的一个管理工具。很显然，在企业建立之初，是要吸引投资者，吸引雇员。但是这并不是说，只做到吸引投资者和雇员就行了。你还要在计划中指定目标和里程碑，以指导我们未来的工作。

3.2.1.1　商业计划书是该企业融资必备的敲门砖

商业计划书，是一家企业融资必备的敲门砖。一份优秀的商业计划书会为企业融资顺利铺路。

投资人想了解的内容包括以下方面。

（1）干什么（产品、服务）。

（2）怎么干（生产工艺及过程）。

（3）消费者群。

（4）竞争对手（市场分析）。

（5）经营团队。

（6）股本结构（有形资产、无形资产、股东背景）。

（7）营销安排。

（8）财务分析（利润点、风险、投资回收期）。

3.2.1.2　帮助自己很好地梳理整个项目的思路

商业计划书也是你在创办企业前的准备，对未来的思路进行一个清晰的梳理。

（1）不要打无准备之仗。创业者不要打无准备之仗，不论是创办一家特色餐馆，还是创办一家互联网公司，良好的商业规划习惯都是你的第一步，你花了多少工夫进行了精心准备，你就赢得了多少市场机会。

（2）对商业计划书要有清晰的预测。商业计划书并不只是写给投资商的，而是写给你自己的，你必须搞清楚市场机会到底藏在哪儿？你的产品又该如何设计，如何让人们更乐意购买你的产品？谁在和你竞争，你又该如何迎战他们？你如何为自己准备足够的客户资源，使你的企业从正式创立之日起，就有源源不断的销售收入？你将如何去管理你的公司，你打算招多少个伙计，如何给他们分派工作，又如何设立部门，又如何要快速在市场中扩大规模？你准备在产品开发、人员使用、办公地点租用、购买开业所需的物品上花费多少钱？这些都要有一个清晰的预测。

（3）一定要到市场中去摸底调查。你要思考的事情很多，到市场中去调查一下，把这一切搞清楚，你就知道你所选择的发展目标对不对。有很多时候，你不去研究资料，不去研究那些数据，不到市场中去摸底调查，而是坐在屋子里头脑发热地凭空想象，或者为了应付投资商的要求而花钱雇人去写商业计划书，这就会为你未来的企业酿下巨大的灾难，创业风险即始于此。

（4）对未来3～5年的发展要有规划。在未来3～5年你该如何发展，把一切的思考和问题都想清楚、想透，并把它们写出来，你的大脑将会很清晰，稳扎稳打地开始你的事业大计。

许多美国人习惯在创办企业之前，往往要花上几个月时间，甚至一两年，去精心地准备商业计划书，他们可能会写出厚厚的几百页的商业计划书，把每一个环节都搞得一清二楚，不仅仅包括如何迈出第一步，就连公司发展到3年以后，把企业卖给谁，怎么上市，怎么结束生意，都提前搞得清清楚楚。

（5）要按照商业计划书去执行。当正式成立企业时，他们就会完全按照商业计划书里所写的步骤去行动，这个时候，商业计划书就成了事业执行书，如果在行动中想到什么新的主意，遇到什么新的情况，马上会被补充到商业计划书中去。

3.2.2　商业计划书的6C规范

商业计划书是将有关创业的想法，借由白纸黑字最后落实的载体。商业计划书的质量，往往会直接影响创业发起人能否找到合作伙伴、获得资金及其他政策的支持。如何写商业计划书呢？要依目标，即看计划书的对象而有所不同，如是要写给投资者看呢，还是要拿去银行贷款。从不同的目的来写，计划书的重点也会有所不同。不过，商业计划书也有一般的格式，需要涵盖以下必需的内容。撰写商业计划书，首先需要6C的规范，具体如图3-5所示。

1C	概念（Concept）

就是让别人知道你要卖的是什么

2C	顾客（Customers）

顾客的范围要很明确，比如说认为所有的女人都是顾客，那五十岁以上、五岁以下的女性也是你的客户吗

3C	竞争者（Competitors）

需要问，你的东西有人卖过吗？是否有替代品？竞争者跟你的关系是直接还是间接等

图3-5

| 4C | 能力（Capabilities） |

要卖的东西自己懂不懂？如开餐馆，如果厨师不做了找不到人，自己会不会炒菜？如果没有这个能力，至少合伙人要会，再不然也要有鉴赏的能力，不然最好是不要做

| 5C | 资本（Capital） |

资本可能是现金，也可以是有形或无形资产。要很清楚资本在哪里、有多少，自有的部分有多少，可以借贷的有多少

| 6C | 持续经营（Continuation） |

当事业做得不错时，将来的计划是什么

图3-5　撰写商业计划书的6C规范

3.2.3　商业计划书的结构

通过商业计划书，创业者有可能说服投资人，且能让执行者看到实施措施。因此，需要有一整套结构，才能理清商业计划书的要点。

所有的商业计划书都应该从"摘要"开始，紧接着是产品理念，其他的部分就可视情况而定了。总之，你要选择最好的表达方式来证明此计划可以成功。

商业计划书的结构包括以下这些方面。

商业计划书的结构

☆ 摘要	☆ 产品及经营理念
☆ 市场机会	☆ 竞争分析
☆ 个人经历和技能	☆ 市场导入策略
☆ 市场发展措施、所需技术及设备	☆ 市场增长计划
☆ 市场退出策略	☆ 法律法规
☆ 资源配备	☆ 资金计划
☆ 近期规划	

3.2.4　商业计划书的写作要求

3.2.4.1　摘要

摘要如非特殊情况，不能超过一页。它的作用是简要阐述产品理念，但要注意，一定要非常简洁。要尽量使用序号来分列观点，而不用名字或段落来展开。越是扼要的观点，就越容易被理解与记住。

同时，摘要是商业计划书中最重要的一部分。很多人通常在读完这一页就做出决定，而不费神去读后面更详细的东西。

3.2.4.2　主体部分

商业计划的这一部分包括一系列可能要回答的问题。首先，你要检查每类问题，看看各类问题之间是否有关联性，是否存在明显的跳跃。很多情况下，一类问题只需稍做思考，用一句话就可表达清楚。检查每类问题时都可以遵循这样的顺序：信息量是否足够→是否需要进一步考虑→是否现实可行。以下将逐一阐述主体的各个部分。见表3-4。

表3-4　主体部分的写作要求

一、产品及经营理念
这部分主要让读者清晰地看到你要进入的领域、所经营的产品，以及在整个商业背景下，该产品的定位。总的说来，它要回答若干个"为什么"。 要点如下。 （1）大致描述一下该产品。 （2）指出要进入的领域。 （3）满足顾客的什么需求。 （4）顾客为什么有这些需求。 （5）公司是否有资源对该产品进行研发、推广、销售或物流运用？如果没有，如何才能有效地得到这些资源？ （6）如何把产品及其优势告诉潜在的用户？它有可能被视作珍品或易用的东西吗？ （7）与对手或其他能满足用户需求的东西比，该产品有何竞争优势：是技术优势，还是独特的定位？ （8）如何保持这种竞争优势，是否通过技术专利或排除其他竞争障碍。 （9）至今为止，你在该领域的工作经验。与潜在客户沟通的本质和程度，是否了解他们对产品的看法。 （10）其他可能存在的机会。是否能与已有业务共享设备及渠道。
二、市场机会
这部分将回答产品有什么市场机会。即：有什么机会？机会有多大？它的生命周期是什么？ （1）如何评估产品（或服务）的市场前景？ ① 描绘市场发展趋势，并分析。

② 估计市场增长率，并分析。

（2）在既定的竞争态势和用户需求条件下，该产品能占多大的市场份额？此市场份额能为公司带来多少利润？

（3）你有何优势及资源给公司带来较明显的盈利？

（4）这个市场是否真有活力？它发展得快吗？前景广泛吗？是否有下降的趋势？

（5）该产品的生命周期是多长？在产品的既定生命周期内，如何有步骤地进行市场运作？如何打开市场缺口？

（6）产品（或服务）是否有扩展性，以便扩大市场前景，延长生命周期？

（7）能否通过技术、定位或细分市场，来挖掘非同一般的市场机会？

（8）进入市场难易程度如何？

（9）最关键的是：通过与顾客接触、访谈、实验或其他方法，收集销售信息及用户反馈。

三、竞争分析

这部分主要让读者知道，此商业计划建立在现实的基础之上，因为它表明了计划成功的阻碍，并设计了克服它的方法。它实质上要回答这样一些问题：在业已存在的竞争环境中，该计划是否会泡汤；如果它成功地创造了一个市场，能否在这个市场中持久发展。千万要记住，有时候表面上看来没有明显的竞争，潜在的竞争其实是非常可怕的。

既然存在竞争，就要指出竞争对手有多少，他们在这个领域里的地位。

（1）直接竞争对手。

① 他们占有的市场份额。

② 他们的优势与弱势。

③ 广告与促销。

④ 对新进入者可能采取的阻击措施。

（2）间接竞争对手。市场可能出现的追随者，相关领域的合作者。

（3）如何对产品进行差异化定位。与竞争对手有何不同、有何特点和优势、卖点是什么？

（4）在提炼竞争性卖点时，能否进一步发展，使用户更明显地感知它的好处？

（5）在满足用户的需求方面，有什么可替代产品？

（6）与直接竞争对手或可替代产品相比，在价格上是否有优势？

四、个人经历与技能

这部分主要告诉读者，你是否有能力使该业务获得成功。即：你能给新业务带来什么？

（1）该产品与你的技能、过去的经历有何关系。

（2）你的团队对新业务有何助益。界定新业务与旧业务是否存在竞争关系。如果新计划是为了拓展已有的业务，那么这部分将包括如何利用原有的条件使新业务获得成功。同时，这部分也应该包括新产品可能给旧产品带来的冲击，即：如果新业务取得成功，它会给旧业务带来不利影响吗？

① 描述新产品对旧产品战略及定位的影响。

② 新产品与旧产品在几个方面是互补还是产生其他作用：如资产、渠道、人力资源、服务、产品、客户资源等。

如果以上几个方面对新业务至关重要，且对旧业务不产生负面影响的话，这部分还应该说清楚你将如何去发展这些方面。

续表

五、市场导入策略
这部分将说明如何启动新计划。即：我们如何在市场上吸引首批客户？ （1）产品生产出来后，你将如何把它导入市场？以最快、最省钱、最小风险同时又能阻击对手的方式。 （2）此阶段如何制定渠道政策、广告及促销方案？ ① 描述产品定位，对此定位实行可行性测试。 ② 让客户在何时何地以何种方式获得产品信息？ ③ 向客户传递什么信息？ ④ 如何达到传播目标。引起受众趣味，刺激受众需求，还是细分受众群？ （3）在产品导入阶段使用什么营销手段？这些手段如何实施？ ① 广告还是彩页？广播还是电视？ ② 区域宣传如何定位？ ③ 宣传频次？ ④ 试点计划如何开展？ ⑤ 如何开展竞争性宣传？直邮效果如何？ ⑥ 如何上广告黄页条目索引？ ⑦ 电话营销方式。 ⑧ 培训计划。 ⑨ 促销活动。 ⑩ 商品秀。 ⑪ 研讨会。 ⑫ 公共关系。 ⑬ 媒体沟通。 ⑭ 新闻发布会。 ⑮ 行业关系建立。 ⑯ 细分市场、细分客户。
六、市场发展措施、所需技术及其他设施
这部分表明落实计划所需要的技术及其他设施。 （1）技术问题 ① 描述产品所需要的技术。 ② 技术条件是否具备，内部具备还是从供应商或合作伙伴处获得。 （2）渠道及客户关系 ① 渠道有哪些？ ② 渠道系统有何创新之处？ ③ 销售队伍需要什么培训、物质刺激及其他支持？ （3）招募销售队伍 ① 确定所需人员的资历、技能。 ② 薪酬。 ③ 其他的激励手段。 ④ 报销政策。 ⑤ 队伍管理方法。 ⑥ 他们可能扮演的角色：中间人、厂商代表及代理。

续表

（4）设施及行政

① 办公用品清单；如果业务是全新的，还包括基础设施清单。

② 如何支付这些清单。

③ 采购或与供应商打交道时是否有特殊需求？

（5）分销渠道

① 用户在哪里能买到产品？

② 产品如何才能到达用户手中？

③ 每年渠道流失率是多少？

④ 产品在途时间是多少？

⑤ 什么运输方式最经济？

七、市场增长计划

这部分将表现如何使该业务持续发展。即：我们怎么做才可以不断获得增长，在市场中占有一席之地？

（1）一旦进入市场，如何在一定的市场份额内，谋求最大的发展机会及最大的利润？

（2）是否有潜在的机遇能给此业务带来新的增长点？如果有，如何将它变成现实？

（3）为了获得持续发展，目标用户在哪里？

（4）如何获得地域性扩张？什么时候开始？

（5）市场导入期所利用的营销手段中，哪些还会在持续发展阶段使用？这些手段在质与量上会有什么突破？

（6）是否有别的方法可助于持续增长？资金还是人力？

八、市场退出策略

这部分是为了表明：一切都在我们的把握之中。它可以回答这样的问题：万一我们的计划失败，出现了我们不愿看到的局面以至于需要退出市场，我们也会尽量减少损失，不至于血本无归或名声扫地。

（1）摆明你如何将损失最小化。如何处理积压品、已采购配件、已搭建的基础设施、已雇佣的员工。

（2）如何最大限度地减少对公司形象及声誉的影响。

九、法律法规

这部分将关注以下几点。

（1）新业务是否在法律许可的范围内开展？

（2）我们的产品是否合法？在这个领域是否存在相关的规定？如果有，规定上有何限制？我们能否绕过这些限制？即使能，这个努力是否值得？

（3）政府对此类产品有何倾向？

十、资源（人力及技术）配备

这部分回答开展新业务所需要的资源。即：我们在资源配备上要有多大的投入，如何得到这些资源。

（1）近期需要哪些人力资源？最终需求又怎样？

（2）谁将参与到新业务中来？他们的背景及资历如何？

（3）在市场导入及发展期各需要什么资源？

（4）需要什么技术资源？什么时候需要？

（5）开展此业务需要用到什么具体的技能？

续表

十一、资金计划

这部分将清晰说明新业务所需要的资金投入。它要回答这些问题：我们什么时候筹资？到底需要多少钱？钱不够怎么办？什么时候还贷款，以什么方式还？

（1）定价

① 竞争对手如何定价。

② 你如何定价。

③ 价格多长时间变更一次。

④ 竞争对手可能的反应（是否有可能导致价格战，是否能忍受价格战？）。

（2）销售预测

① 你打算卖多少。

② 增长速度。

③ 最坏的情况。

④ 类似的竞争故事。

⑤ 市场份额定位。

（3）资金

① 需要多少资金，什么时候需要？

② 计划开展所需费用的详细情况。

③ 利润预算。

④ 现金流。

十二、近期规划

这部分关注：贷款获批后，接下来的几个月将做什么。

（1）如果计划通过，贷款获得批准，未来90天内你将做什么？

（2）为实施计划，近期需要什么资源？需要做什么决策？

3.2.5 商业计划书的编写步骤

准备创业方案是一个展望项目的未来前景、细致探索其中的合理思路、确认实施项目所需的各种必要资源，再寻求所需支持的过程。不过，并非任何创业方案都要完全包括大纲中的全部内容。创业内容不同，相互之间差异也就很大。具体如图3-6所示。

第一阶段 》 经验学习

第二阶段 》 创业构思

第三阶段 》 市场调研

图3-6

第四阶段 ▷ 方案起草

写好全文，加上封面，将整个创业要点抽出来写成提要，然后要按下面的顺序将全套创业方案排列起来。

（1）市场机遇与谋略

（2）经营管理

（3）经营团队

（4）财务预算

（5）其他与听众有直接关系的信息和材料，如企业创始人、潜在投资人，甚至家庭成员和配偶

第五阶段 ▷ 最后修饰阶段

首先，根据你的报告，把最主要的东西做成一个 1～2 页的摘要，放在前面。其次，检查一下，千万不要有错别字之类的错误，否则别人对你是否做事严谨会怀疑的。最后，设计一个漂亮的封面，编写目录与页码，然后打印、装订成册

第六阶段 ▷ 检查

（1）你的商业计划书是否显示出你具有管理公司的经验

（2）你的商业计划书是否显示了你有能力偿还借款

（3）你的商业计划书是否显示出你已进行过完整的市场分析

（4）你的商业计划书是否容易被投资者所领会。商业计划书应该备有索引和目录，以便投资者可以较容易地查阅各个章节。还应保证目录中的信息流是有逻辑的和现实的

（5）你的商业计划书中是否有计划摘要并放在了最前面，计划摘要相当于公司商业计划书的封面，投资者首先会看它。为了保持投资者的兴趣，计划摘要应写得引人入胜

（6）你的商业计划书是否在文法上全部正确

（7）你的商业计划书能否打消投资者对产品（服务）的疑虑

图3-6 商业计划书的编写步骤

3.2.6 商业计划书的写作注意事项

（1）要简明扼要。以 2～3 页的执行大纲为绪言，主体内容以 7～12 页为佳。注重企业内部经营计划和预算的笔墨。

（2）要明确声明公司的目标与公司的业务类型。

（3）要使用国际通用单位。比如，面积单位用"公顷"，长度单位用"米、千米"，重量单位统一用"克、千克"。

（4）要阐述为达到目标所制定的策略与战术。

（5）要陈述清楚公司需要多少资金？用多久？怎么用？

（6）要有一个清晰和符合逻辑的让投资者撤资（退出机制）的策略。

（7）要分析项目的经营风险与规避方法。

（8）要有具体数据资料，有根据和有针对性的数据必不可少。

（9）要使用上好的打印纸及一个吸引人而得体的封面包装项目商业计划书。

（10）要预备额外的拷贝件以作快述阅读之用，还要准备好项目的基础财务数据。

（11）忌用非专业或过于专业性的用词来描述产品或生产营运过程，尽可能使用比较专业而又通俗易懂的词句。

（12）忌用含糊不清或无确实根据的陈述或结算表，比如在没有细则陈述的情况下就说"要增加生产线"等。

（13）忌隐瞒事实之真相。

在此，提供一份商业计划书模板，仅供读者参考。

【实战范本】商业计划书模板 ▶▶▶ --------------------------------

商业计划书模板

项目名称：_____

创业团队（个人）：_____

日期：_____

目　录

第一部分　策划书摘要

说明：策划书摘要应该尽量控制在2页纸内完成。

商业策划书摘要应该涵盖该策划书的所有要点，浓缩所有精华，并要求简洁、可信、一目了然。

第二部分　产品/服务

产品/服务描述（这里主要介绍拟投资的产品/服务的背景、目前所处发展阶段、与同行业其他企业同类产品/服务的比较，本企业产品/服务的新颖性、先进性和独特性，如拥有的专门技术、版权、配方、品牌、销售网络、许可证、专营权、特许权经营等）：

企业现有的和正在申请的知识产权（专利、商标、版权等）：

专利申请情况：

产品商标注册情况：

企业是否已签署了有关专利权及其他知识产权转让或授权许可的协议？如果有，请说明（并附主要条款）：

目标市场：这里对产品面向的用户种类要进行详细说明。

产品更新换代周期：更新换代周期的确定要有资料来源。

产品标准：详细列明产品执行的标准。

详细描述本企业产品/服务的竞争优势（包括性能、价格、服务等方面）：

第三部分　行业及市场情况

1. 行业情况

行业情况包括行业发展历史及趋势，哪里行业的变化对产品利润、利润率影响较大，进入该行业的技术壁垒、贸易壁垒、政策限制等，行业市场前景分析与预测：

（1）列表说明过去3年或5年各年全行业销售总额：必须注明资料来源。

（2）列表说明未来3年或5年各年全行业销售收入预测：必须注明资料来源。

2. 市场情况

（1）图表说明目标市场容量的发展趋势。

（2）本企业与目标市场内五个主要竞争对手的比较：主要描述在主要销售市场中的竞争对手（见下表）。

本企业与竞争对手的比较

竞争对手	市场份额	竞争优势	竞争劣势
本企业			

（3）市场销售有无行业管制，企业产品进入市场的难度分析。

第四部分　组织与管理

1.企业基本情况

拟定的企业名称：

预期成立时间：

预期注册资本：

其中现金出资额及占股份比例：

预期注册地点：

2.企业主要股东情况

列表说明股东的名称及其出资情况（见下表）。

股东情况表

股东名称	出资额	股份说明	出资形式	联系人	联系电话
甲方					
乙方					
丙方					
丁方					

3.企业内部部门设置情况

以图形来表示本企业的组织结构，并说明每个部门的责权利、部门与部门之间的关系等。

4.企业员工的招聘与培训

5.董事会成员名单（可根据本公司实际情况去决定职位安排，见下表）

董事会成员名单

序号	职　务	姓　名	学历或职称	联系电话
1	董事长			
2	副董事长			
3	财务负责人			
4	市场营销负责人			
5	技术开发负责人			

第五部分　营销策略

（1）产品销售成本的构成及销售价格制定的依据。如果产品已经在市场上形成了竞争优势，请说明与哪些因素有关（如成本相同但销售价格低、成本低形成销售优势，以及产品性能、品牌、销售渠道优于竞争对手产品等）：

（2）在建立销售网络、销售渠道、设立代理商、分销商方面的策略与实施：

（3）在广告促销方面的策略与实施：

（4）在产品销售价格方面的策略与实施：

（5）在建立良好销售队伍方面的策略与实施：

（6）产品售后服务方面的策略与实施：

（7）在其他方面的策略与实施：

（8）对销售队伍采取什么样的激励机制：

第六部分　产品制造

（如果是非制造业，则不需要产品制造，可以制订相应的经营计划）

（1）产品生产制造方式（企业自建厂生产产品还是委托生产，或者其他方式，请说明原因）：

企业自建厂，购买厂房还是租用厂房，厂房面积是多少，生产面积是多少，厂房地点在哪里，交通、运输、通信是否方便？

现有生产设备情况（专用设备还是通用设备，先进程度如何，价值多少，是否投保，最大生产能力是多少，能否满足产品销售增长的要求，如果需要增加设备，采购计划，采购周期及安装调试周期）。

请说明，如果设备操作需要特殊技能的员工，如何解决这一问题：

（2）简述产品的生产制造过程、工艺流程：

如何保证主要原材料、元器件、配件以及关键零部件等生产必需品的进货渠道的稳定性、可靠性、质量及进货周期，列出三家主要供应商名单及联系电话。

主要供应商一：＿＿＿＿＿＿＿＿＿＿＿＿＿＿＿＿＿

主要供应商二：_____

主要供应商三：_____

正常生产状态下，成品率、返修率、废品率控制在怎样的范围内，描述生产过程中产品的质量保证体系以及关键质量检测设备：

（3）产品成本和生产成本如何控制，有怎样的具体措施：

（4）产品批量销售价格的制定，产品毛利润率是多少？纯利润率是多少？

第七部分　融资说明

（1）为保证项目实施，需要的资金是____万元，需要投资方投入____万元，对外借贷_____万元。如果有对外借贷，担保措施是什么？（你现在手上已经拥有的投资金额是____万元人民币，若资金不足可以通过融资的方式集资，但也要说明你是如何进行融资的。）

（2）请说明投入资金的用途和使用计划：

（3）拟向外来投资方出让多少权益？计算依据是什么？

（4）预计未来3年或5年的平均每年净资产收益率是多少？

（5）外来投资方向可享有哪些监督和管理权力？

（6）如果企业没有实现项目发展计划，企业与管理层向投资方承担哪些责任？

（7）外来投资方以何种方式收回投资，具体方式和执行时间：

（8）在与企业业务有关的税收和税率方面，企业享受哪些政府提供的优惠政策以及未来可能的情况（如市场准入、减免税等方面的优惠政策）：

（9）需要对外来投资方说明的其他情况：

第八部分　财务计划

（1）产品形成规模销售时毛利润率为_____%，纯利润率为_____%。

（2）请提供：未来3年的计划项目盈亏平衡表、项目资产负债表、项目损益表、项目现金流量表、项目销售计划表、项目产品呈报表。

注：每一项财务数据都要有依据，要进行财务数据说明。

第九部分　风险评估与防范

请详细说明该项目实施过程中可能遇到的风险以及控制、预防手段（包括可能的政策风险、加入WTO的风险、技术开发的风险、经营管理风险、市场开拓风险、生产风险、财务风险、汇率风险、投资风险、对企业关键人员依赖的风险等。每项都要单独叙述控制和防范手段）

第十部分　项目实施进度

详细列明项目实施计划和进度（注明起止时间）：

第十一部分　其他

为了补充本项目计划书内容，需要进一步说明的有关问题（如企业或企业主要管理人员和关键人员过去、现在是否卷入法律诉讼以及仲裁事件中，对企业有何影响）：

请将产品彩页、产品宣传介绍册、证书作为附件于此。

第4章

公司注册登记

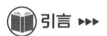 引言 ▶▶▶

　　办理公司注册须经过以下过程：名称预先核准、编写"公司章程"、刻私章、到会计师事务所领取"银行询征函"、去银行开立公司验资户、办理验资报告、注册公司、刻公章和财务章、办理企业组织机构代码证、去银行开基本户、办理税务登记、申请领购发票。在此讲解几个重要的过程。

4.1　开业登记之前的事项

4.1.1　名称预先核准

根据《中华人民共和国公司登记管理条例》第十七条的规定，设立公司应当向公司登记机关申请公司名称的预先核准。

4.1.1.1　名称预先核准登记程序

办理名称预先核准登记，一般要经如图4-1所示的步骤。

步骤一　咨询后领取并填写《名称（变更）预先核准申请书》《投资人授权委托意见》，同时准备相关材料

步骤二　递交《名称（变更）预先核准申请书》《投资人授权委托意见》及相关材料，等待名称核准结果

步骤三　领取《企业名称预先核准通知书》或《企业名称变更核准通知书》

图4-1　名称预先核准登记程序

4.1.1.2　申请名称预先核准登记应提交的文件、证件

名称预先核准登记、名称变更预先核准登记应提交的文件、证件如下。
（1）《名称（变更）预先核准申请书》。
（2）《投资人授权委托意见》。

4.1.1.3　名称有效期

预先核准的名称有效期为6个月，有效期届满，预先核准的名称失效。
预先核准的名称在有效期内，不得用于从事经营活动，也不得进行转让。

4.1.1.4　名称延期

预先核准的名称有效期届满前30日内，申请人可以持《企业名称预先核准通知书》或《企业名称变更预先核准通知书》向名称登记机关提出名称延期申请。

申请名称延期应由全体投资人签署《预先核准名称有效期延期申请表》，有效期延长6个月，期满后不再延长。

4.1.1.5　企业名称的一般性规定

（1）企业名称不得含有下列内容和文字。

① 有损于国家、社会公共利益的。

② 可能对公众造成欺骗或者误解的。

③ 外国国家（地区）名称、国际组织名称。

④ 政党名称、党政军机关名称、群众组织名称、社会团体名称及部队番号。

⑤ 其他法律、行政法规规定禁止的。

（2）企业名称应当使用符合国家规范的汉字，不得使用汉语拼音字母、阿拉伯数字，法律法规另有规定的除外。

（3）在名称中间使用"国际"字样的，"国际"不能作字号或经营特点，只能作为经营特点的修饰语，并应符合行业用语的习惯，如国际贸易、国际货运代理等。

 相关链接

怎样给公司起名字

注册公司之前，你得给自己的公司把名字起好。起名字要考虑的因素很多，主要有以下几点。

1. 经营范围

不同的经营范围公司后面带的名字是不同的。例如你叫科技有限责任公司，你就可以做软硬件，卖产品，做服务；但叫管理咨询公司就不合适卖产品。有的行业，例如叫培训公司，这是需要申请资质的，不是自己想起就可以起的，这方面可以找专业注册代理公司咨询下。

2. 名称范围

你是准备带中国，还是省份，还是城市的头，例如你要叫中国××公司，中华××公司，你的注册资金是有要求的。例如深圳××公司注册资金3万元就够了，现在即使是3万元注册资金，都可以申请一个广东开头的，在《公司法》修改之前，这样的公司注册资本原来要求是过百万元的。

3. 好读好记

名字应该好读好记；注意名字的可视化，最好你的名字很容易设计成LOGO，和LOGO互动，便于别人联想。

4. 名字是否唯一

先得到当地工商网站上搜索下，看你要注册的名字是否被别人想到了，这个可真是让人感慨，好名字都被别人想到了。即使没有冲突，也要百度或谷歌一下，看是否同名程度高，若是，那么搜索排名想抢第一很困难。

在取名字的时候，就要考虑到未来的宣传。所谋者远，则路就会走得越长越顺。

4.1.2 制定公司章程

接下来要起草公司章程，并由各股东签字（章）确认。公司章程需明确规定各股东的投资金额、所占股权比例及出资方式（现金或实物资产、无形资产）。

4.1.2.1 有限责任公司章程

有限责任公司章程由股东共同制定，经全体股东一致同意，由股东在公司章程上签名盖章。修改公司章程，必须经代表三分之二以上表决权的股东通过。有限责任公司的章程，必须载明下列事项。

（1）公司名称和住所。

（2）公司经营范围。

（3）公司注册资本。

（4）股东的姓名和名称。

（5）股东的权利和义务。

（6）股东的出资方式和出资额。

（7）股东转让出资的条件。

（8）公司机构的产生办法、职权、议事规则。

（9）公司的法定代表人。

（10）公司的解散事由与清算办法。

（11）股东认为需要规定的其他事项。

4.1.2.2 股份有限公司章程

股份有限公司章程中应载明下列主要事项。

（1）公司名称和住所。

（2）公司经营范围。

（3）公司设立方式。

（4）公司股份总数，每股金额和注册资本。

（5）发起人的姓名或者名称、认购的股份数。

（6）股东的权利和义务。

（7）董事会的组成、职权、任期和议事规则。

（8）公司的法定代表人。

（9）监事会的组成、职权、任期和议事规则。

（10）公司利润分配方法。

（11）公司的解散事由与清算办法。

（12）公司的通知和公告办法。

（13）股东大会认为需要规定的其他事项。

股份有限公司章程由发起人制定，经出席创立大会的认股人所持表决权的半数以上通过；修改公司章程，必须经出席股东大会的股东所持表决权的三分之二以上通过。

 特别提示 ▶▶▶

　　公司章程缺少上述必备事项或章程内容违背国家法律法规规定的，公司登记机关应要求申请人进行修改；申请人拒绝修改的，应驳回公司登记申请。

 相关链接 ▶▶▶ --------------------------------

公司的经营范围

　　公司的经营范围是指公司在经营活动中所涉及的领域，也是公司具有什么样的生产项目、经营种类、服务事项。

　　一、确定经营范围的因素

　　公司之所以需要确定经营范围，主要考虑以下因素。

　　（1）投资者需要知道公司资金的投向，也就是资金投入的项目和承担风险的界限。

　　（2）公司在经营中权利能力、行为能力的大体界定。

　　（3）公司董事、监事、经理可以认识自己权限所及的领域。

　　（4）建立和维护一定的管理秩序、经营秩序，防止无序状态。

　　公司需要有一定的经营范围，这个经营范围不是由行政主管部门确定或指定的，而是由公司自行确定的。

　　公司的经营范围并不是固定不变的，而是随着经济环境的变化和公司决策的变化，允许公司改变、调整经营范围。但是在需要变更经营范围的时候，应当依照法定的程序修改公司章程，记载变更的内容，并办理公司经营范围的变更登记。

二、一般经营项目

一般经营项目是指不需批准，企业可以自主申请的项目。

以下表中经营项目参照《国民经济行业分类》及有关规定，仅供企业参考，企业可根据具体需要自主选择一项或者多项经营项目，经营范围应当包括或者体现企业名称中的行业或者经营特征。跨行业经营的企业，经营范围中的第一项经营项目所属的行业为该企业的行业。

一般经营项目表

序号	类别	经营范围（一般经营项目）
一	投资	（一）大类 投资兴办实业（具体项目另行申报）；投资管理（不含限制项目）；投资咨询（不含限制项目）；投资顾问（不含限制项目） （二）小类 1.股权投资基金 （1）对未上市企业进行股权投资 （2）开展股权投资和企业上市咨询业务 2.股权投资基金管理 受托管理股权投资基金 3.私募证券投资基金管理 投资于证券市场的投资管理（理财产品须通过信托公司发行，在监管机构备案，资金实现第三方银行托管） 4.创业投资 （1）创业投资业务 （2）受托管理创业投资企业等机构或个人的创业投资业务 （3）创业投资咨询业务 （4）为创业企业提供创业管理服务业务 （5）参与设立创业投资企业与创业投资管理顾问 5.从事担保业务（不含融资性担保业务及其他限制项目）（法律、行政法规和国务院决定规定需要前置审批的项目，取得相关审批后方可经营）
二	电子商务	（1）有具体经营范围的。网上经营××、网上提供××服务；网上贸易、网上咨询、网上拍卖、网上广告、网络商务服务、数据库服务、数据库管理 （2）从事电信特许类的，按行政许可内容核定经营范围
三	农业	农产品种植、养殖及其技术研发；谷物种植；豆类、油料、薯类种植；蔬菜、食用菌、园艺作物种植；花卉种植；中药材种植；水果种植
四	建筑业	（一）大类 建筑工程施工、装饰、装修（取得建设行政主管部门颁发的资质证书方可经营）；电气安装；管道和设备安装

续表

序号	类别	经营范围（一般经营项目）
四	建筑业	（二）小类 通信线路和设备安装；电子设备工程安装；电子自动化工程安装；监控系统安装；保安监控及防盗报警系统安装；智能卡系统安装；电子工程安装；智能化系统安装；建筑物空调设备、采暖系统、通风设备系统安装；机电设备安装、维修；门窗安装；电工维修；木工维修；管道工维修
五	批发和零售业	（一）大类 国内贸易（不含专营、专卖、专控商品）；经营进出口业务（法律、行政法规、国务院决定禁止的项目除外，限制的项目须取得许可后方可经营）；初级农产品批发、销售；服装、纺织品、针织品、日用百货批发、销售；文化用品、体育用品批发、销售；建材批发、销售；机械设备、五金产品、电子产品批发、销售；首饰、工艺品批发、销售 （二）小类 1. 初级农产品 新鲜蔬菜、水果的批发/零售/购销（经营方式可选择，下同，用"销售"代替） 2. 纺织、服装类 男士服装、女士服装、童装、围巾、头巾、手套、袜子、皮带、领带、领结、领带夹及饰物、胸针的销售；鞋、帽、床上用纺织品（床单、床罩、被褥等）、室内装饰用纺织品（窗帘、桌布、地毯、挂毯等）、纺织品（毛巾、浴巾等）的销售 3. 化妆品、卫生用品类 化妆品、卫生用品的销售（护肤用品、头发护理用品、香水、妇女卫生用品、卫生纸、纸巾、洗漱用品等） 4. 厨房、卫生间用具、灯具、装饰品、家用电器 （1）厨房、卫生间用具、灯具、装饰物品、家用电器、家具的销售 （2）钟表、眼镜、箱、包的销售 5. 文化、体育用品类 （1）文具用品、体育用品、首饰、工艺美术品的销售 （2）珠宝首饰、金银首饰、钻石首饰、雕刻工艺品、花画工艺品、织制工艺品的销售 （3）玩具、乐器、照相器材的销售 6. 建材、化工产品类 （1）建筑和装饰装修材料、建筑声学光学材料、环保节能材料批发、销售；涂料、油墨、颜料、染料、橡胶制品、塑料制品的销售 （2）化工产品、高分子材料、纤维材料及工艺和设备的研发与销售；印制线路板的设计及购销；防护材料的技术开发；涂料、防火材料的销售

续表

序号	类别	经营范围（一般经营项目）
五	批发和零售业	（3）一类医疗用品及器材的销售 7.机械设备、五金产品、电子产品类 （1）农业机械、汽车零配件、摩托车及其零配件、电力照明设备、电动机的销售 （2）汽车（不含小轿车）、自行车销售 （3）计算机、软件及辅助设备的销售 （4）通信设备的销售；无线电及外部设备、网络游戏、多媒体产品的系统集成及无线数据产品（不含限制项目）的销售；无线接入设备、GSM与CDMA无线直放站设备的销售 （5）仪器仪表、办公设备的销售
六	信息传输、软件和信息技术服务业	计算机软件、信息系统软件的开发、销售；信息系统设计、集成、运行维护；信息技术咨询；集成电路设计、研发
七	房地产业	在合法取得使用权的土地上从事房地产开发经营；物业管理；房地产经纪；房地产信息咨询；自有物业租赁
八	租赁和商务服务业	1.租赁类 机械设备租赁（不配备操作人员的机械设备租赁，不包括金融租赁活动）；汽车租赁（不包括带操作人员的汽车出租）；农业机械租赁；建筑工程机械与设备租赁；计算机及通信设备租赁；自行车、照相器材出租；体育设备出租 2.企业管理类（指不具体从事对外经营服务，只负责企业的重大决策、资产管理，协调管理下属各机构和内部日常工作的企业总部的活动） 企业总部管理；后勤管理 3.会议展览、广告类 （1）企业形象策划；文化交流；文化活动策划；礼仪服务、会务服务；市场营销策划；展览展示策划 （2）从事广告业务（法律、行政法规、国务院决定规定需另行办理广告经营项目审批的，需取得许可后方可经营） 4.办公服务 （1）劳务派遣 （2）翻译、打印及复印；商务文印；电脑喷绘、晒图；电脑绘图 （3）报关代理、企业证件代办 5.其他 （1）信息咨询（不含限制项目）；经济信息咨询（不含限制项目）；贸易咨询；企业管理咨询（不含限制项目）；商务信息咨询；商业信息咨询 （2）国内、国际货运代理；从事装卸、搬运业务；供应链管理；物流方案设计；物流信息咨询 （3）从事非疾病类心理服务、非药物性心理服务 （4）火车票、机票代售

续表

序号	类别	经营范围（一般经营项目）
九	科学研究和技术服务业	1．工程和技术研究类 冶金工程技术研究；能源科学技术研究；电子、通信与自动控制技术研究；计算机科学技术研究；土木工程研究；水利工程研究；交通运输工程研究；食品科学技术研究 2．地质勘查 地质勘查 3．工程技术类 （1）工程技术咨询、工程材料咨询、工程造价咨询、工程监理、工程招标代理（取得建设行政主管部门颁发的资质证书方可经营） （2）建筑工程设计、施工（取得建设行政主管部门颁发的资质证书方可经营） 4．其他类 （1）工业设计、时装设计、包装装潢设计、多媒体设计、动漫及衍生产品设计、动漫产品设计、饰物装饰设计、展台设计、规划模型设计、沙盘模型设计 （2）摄影扩印服务 5．技术推广类 （1）农业技术、生物技术、新材料技术、节能技术推广；生物制品的技术开发；生物科技产品的技术开发 （2）科技信息咨询 （3）宣传学科知识
十	居民服务、修理和其他服务业	家政服务；代收干洗衣物；提供代驾、陪驾服务（不含驾驶员技术培训）；计算机和辅助设备、通信设备、办公设备、家用电器（家用电子产品、日用电器）修理；机械设备清洗

 相关链接 ▶▶▶ ------------------------------------

公司注册资金不需要验资

注册公司不需要提交验资报告，2014年3月1日新《中华人民共和国公司法》正式实施，注册资本登记制度改革在全国范围内正式推行。

一、注册资本认缴登记制

对于开公司的人来说，在注册登记时，都得向工商部门提交验资报告，证明其注册资本的真实情况，而从2014年3月1日开始，开公司的人无须再提交验资报告了，这是工商登记制度改革的注册资本实缴登记制改为认缴登记制。改革后，公司实收资本不再作为工商登记事项。在进行公司登记时，也无需提交验资报告。转而采取公司股东（发起人）自主约定认缴出资额、出资方式、出资期限等，并记载于公司章程的方式。

认缴制就是企业在申请注册登记时，拟定并承诺注册资金为多少，并不一定真的缴纳到企业银行账户，不再需要专门的验资证明该资金实际是否到位。但如果实际未缴纳足额的话，也是需要承担法律责任的。

二、公司注册资金的法律规定

除法律、行政法规以及国务院决定对公司注册资本实缴有另行规定的以外，取消了关于公司股东（发起人）应自公司成立之日起两年内缴足出资，投资公司在五年内缴足出资的规定；取消了一人有限责任公司股东应一次足额缴纳出资的规定。转而采取公司股东（发起人）自主约定认缴出资额、出资方式、出资期限等，并记载于公司章程的方式。

放宽注册资本登记条件。除对公司注册资本最低限额有另行规定的以外，取消了有限责任公司、一人有限责任公司、股份有限公司最低注册资本分别应达3万元、10万元、500万元的限制；不再限制公司设立时股东（发起人）的首次出资比例以及货币出资比例。

简化登记事项和登记文件。有限责任公司股东认缴出资额、公司实收资本不再作为登记事项。公司登记时，不需要提交验资报告。

4.2　申请办理营业执照

目前最新版的企业营业执照是五证合一的证件，包含的内容有：统一社会信用代码、公司名称、主体类型、住所、法人代表、成立日期等。营业执照分为正本和副本，二者具有相同的法律效力。企业营业执照由法定机构办理，取得了合法企业营业执照方可经营。

由于经营主体有个体户和私营企业之分，所以登记手续也稍有不同。

 相关链接 ▶▶▶

"五证合一"登记制度

"五证合一"登记制度是指企业登记时依次申请，分别由工商行政管理部门核发工商营业执照、组织机构代码管理部门核发组织机构代码证、税务部门核发税务登记证，改为一次申请、合并核发一个营业执照的登记制度。

五证是指营业执照、组织机构代码证、税务登记证、社会保险登记证和统计登记证。

2016年6月30日，国务院办公厅发布了《关于加快推进"五证合一、一照一码"登记制度改革的通知》（国办发〔2016〕53号），从2016年10月1日起，全国范围内实施"五证合一""一照一码"登记，各地将在原有的工商营业执照、组织机构代码证、税务登记证"三证合一"改革基础上，整合社会保险登记证和统计登记证，推进"五证合一"改革。

国务院办公厅于2017年5月发布《国务院办公厅关于加快推进"多证合一"改革的指导意见》（国办发〔2017〕41号），在全面实施企业、农民专业合作社工商营业执照、组织机构代码证、税务登记证、社会保险登记证、统计登记证"五证合一、一照一码"登记制度改革和个体工商户工商营业执照、税务登记证"两证整合"的基础上，将涉及企业（包括个体工商户、农民专业合作社，下同）登记、备案等有关事项和各类证照（以下统称涉企证照事项）进一步整合到营业执照上，实现"多证合一、一照一码"。

一是一窗受理。企业登记申请表和登记材料由工商登记窗口受理，质监、税务部门不再受理企业组织机构代码证、税务登记证申请。

二是一表申请。投资者办理企业登记注册，只需填写一份申请表，向登记窗口提交一套登记材料。

三是一照一码。一个企业主体只能有一个"统一代码"，一个"统一代码"只能赋予一个企业主体。

四是一网互联。以省级共享交换平台为单位，各省工商、质监、税务等部门通过这个平台进行数据交换，实现跨层级、跨区域、跨部门信息共享和有效应用。

五是一照通用。"一照一码"执照在全国通用，相关各部门均要予以认可。

4.2.1 个体户开业登记

4.2.1.1 个体户开业登记的一般程序

个体户开业登记的一般程序为：申请、受理、审批、发执照，如图4-2所示。

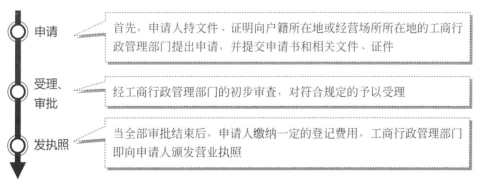

图4-2 个体户开业登记的一般程序

4.2.1.2 申请个体工商户开业登记应提交的文件、证件

（1）申请人签署的个体开业登记申请书（填写个体户申请开业登记表）。

（2）从业人员证明。

（3）经营场地证明。

（4）家庭经营的家庭人员的关系证明。

（5）名称预先核准通知书。

（6）法规、规章和政策规定应提交的有关专项证明。

4.2.1.3 网上办理流程

以下以深圳市的个体户开业登记网上办理流程来加以说明，如图4-3所示。

（1）申请及受理。申请人登陆广东政务服务网提出申请，生成流程编号。受理人员在3个工作日内作出是否受理决定。申请人符合申请资格，且材料齐全、格式规范、符合法定形式的，予以受理；申请人不符合申请资格或材料不齐全、不符合法定形式的，受理人员不予受理，出具《登记驳回通知书》，一次告知申请人需要补正的全部内容。

（2）审核。审核人员对申请材料进行形式审查、要件审查。办理时间为1个工作日。

（3）审批。材料齐全，符合法定形式的，审批人员作出审批通过决定。申请材料形式不规范、要件不齐全的，作出不予审批的决定。办理时限为2个工作日。

（4）办结。审批通过的当场办结，审批人员作出许可决定，制作《营业执照》。

（5）送达。

① 经办人凭受理回执到窗口领取《营业执照》。工作人员应核对企业授权委托书、经办人身份证明、办理事项流程号，发放《营业执照》。

② 在申请时已选择通过邮寄送达的，工作人员按申请人填报的地址邮寄送达《营业执照》。

4.2.1.4 窗口办理流程

以下以深圳市的个体户开业登记窗口办理流程来加以说明，如图4-4所示。

（1）申请及受理。申请人登陆广东政务服务网提出申请，生成流程编号，并进行网上预约，按预约时间到窗口取号提交申请材料。申请材料齐全，符合法定形式的，窗口工作人员应即时出具书面《材料接收单》。申请人不符合申请资格或材料不齐全、不符合法定形式的，窗口工作人员不予受理，即时出具《登记驳回通知书》。申请材料不齐全，需要补正材料的，应当当场一次告知申请人需要补正的全部内容，申请人按要求补正后重新受理审查。

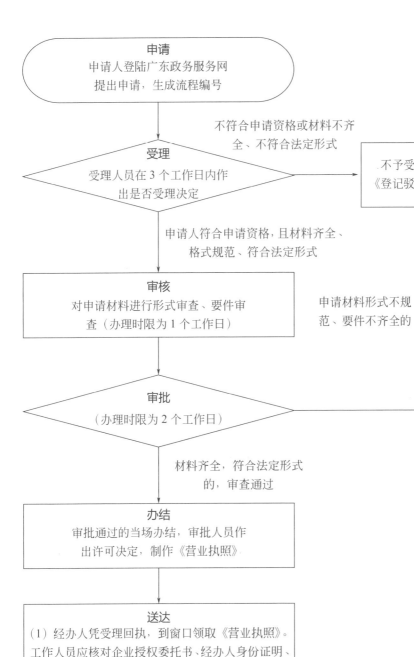

申请
申请人登陆广东政务服务网
提出申请，生成流程编号

受理
受理人员在 3 个工作日内作
出是否受理决定

不符合申请资格或材料不齐
全、不符合法定形式

不予受理，出具
《登记驳回通知书》

申请人符合申请资格，且材料齐全、
格式规范、符合法定形式

审核
对申请材料进行形式审查、要件审
查（办理时限为 1 个工作日）

申请材料形式不规
范、要件不齐全的

审批
（办理时限为 2 个工作日）

材料齐全，符合法定形式
的，审查通过

办结
审批通过的当场办结，审批人员作
出许可决定，制作《营业执照》

送达
（1）经办人凭受理回执，到窗口领取《营业执照》。
工作人员应核对企业授权委托书、经办人身份证明、
办理事项流程号，发放《营业执照》
（2）在申请时已选择通过邮寄送达的，工作人员按
申请人填报的地址邮寄送达《营业执照》

图4-3　个体户开业登记网上办理流程

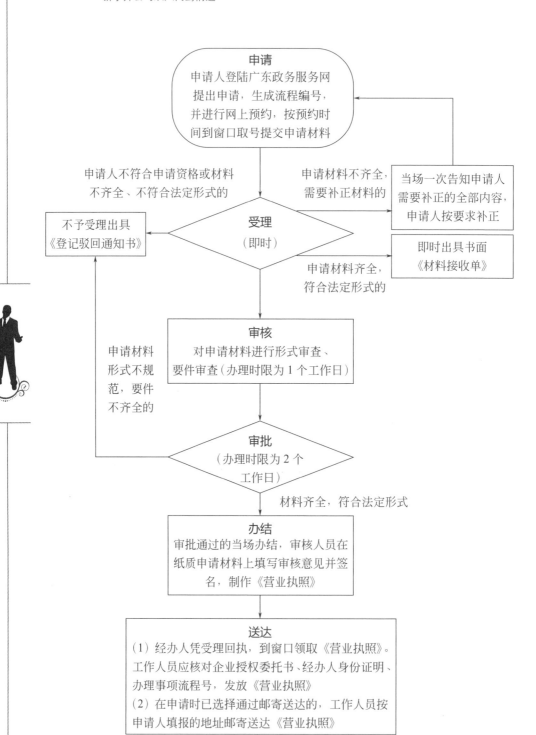

申请
申请人登陆广东政务服务网提出申请，生成流程编号，并进行网上预约，按预约时间到窗口取号提交申请材料

申请人不符合申请资格或材料不齐全、不符合法定形式的

申请材料不齐全，需要补正材料的

当场一次告知申请人需要补正的全部内容，申请人按要求补正

受理
（即时）

不予受理出具《登记驳回通知书》

即时出具书面《材料接收单》

申请材料齐全，符合法定形式的

审核
对申请材料进行形式审查、要件审查（办理时限为1个工作日）

申请材料形式不规范，要件不齐全的

审批
（办理时限为2个工作日）

材料齐全，符合法定形式

办结
审批通过的当场办结，审核人员在纸质申请材料上填写审核意见并签名，制作《营业执照》

送达
（1）经办人凭受理回执，到窗口领取《营业执照》。工作人员应核对企业授权委托书、经办人身份证明、办理事项流程号，发放《营业执照》
（2）在申请时已选择通过邮寄送达的，工作人员按申请人填报的地址邮寄送达《营业执照》

图4-4　个体户开业登记窗口办理流程

（2）审核。审核人员对申请材料进行形式审查、要件审查。办理时限为1个工作日。

（3）审批。材料齐全，符合法定形式的，审批人员作出审批通过决定。申请材料形式不规范、要件不齐全的，作出不予审批的决定。办理时限为2个工作日。

（4）办结。审批通过的当场办结，审核人员在纸质申请材料上填写审核意见并签名，制作《营业执照》。

（5）送达。

① 经办人凭受理回执到窗口领取《营业执照》。工作人员应核对企业授权委托书、经办人身份证明、办理事项流程号，发放《营业执照》。

② 在申请时已选择通过邮寄送达的，工作人员按申请人填报的地址邮寄送达《营业执照》。

4.2.2　私营企业开业登记

私营企业是指生产资料和企业资产属于私人所有的营利性经济组织。一般分为有限责任公司、独资企业和合伙企业三种形式。私营企业开业登记，是指私营企业筹备工作就绪后，依照国家法律、法规向登记主管机关申请在某一行业从事生产、经营活动，办理正式的营业登记。

4.2.2.1　开业登记程序

开业登记程序如图4-5所示。

步骤一	先在工商行政管理机关咨询，就人员、经营范围、登记主管机关等取得初步意见
步骤二	领取、填写企业名称预先核准书，办理企业名称预先核准手续
步骤三	向登记主管机关提交股东身份证明、委托书等必需的文件、证明
步骤四	登记主管机关受理后进行审查、核准，10日内做出核准或驳回的决定

图4-5　开业登记程序

4.2.2.2　应提交的文件

因为私营企业开业登记手续较为繁杂，故应提交的文件也比较多。包括以下资料。

（1）申请人身份证明。独资企业申请人是投资者本人，合伙企业申请人是指合伙人推举的负责人。

（2）凡是申请开办私营企业的人员，必须出具居民身份证。

（3）场地使用证明包括：自有私房应提交房产证明；租用房屋、场地应提交房屋场地租赁合同、有关房地产证明及管理部门许可使用证明；使用土地应提交土地管理部门的批准文件。

（4）《企业名称预先核准通知书》。

（5）应提交公司章程及董事长、董事、监事等任职文件。

（6）开办合伙企业，需提交合伙人的书面协议。合伙协议应载明以下事项。

① 合伙企业的名称和主要经营场地的地点。

② 合伙目的和合伙企业的经营范围。

③ 合伙人姓名及其住所，合伙人出资方式、数额和缴付出资的期限。

④ 利润分配和亏损分担办法。

⑤ 合伙企业事务的执行。

⑥ 入伙与退伙，合伙企业的解散与清算。

⑦ 违约责任等。

合伙协议可载明合伙企业的经营期限和合伙人争议的解决方法。合伙协议须经全体合伙人签名、盖章后生效。

以下以深圳市的有限责任公司和合伙企业注册的材料清单加以说明，以期给读者有一个更清晰的指引。见表4-1、表4-2。

表4-1　有限责任公司注册材料清单

序号	材料名称	材料要求
1	《企业设立登记（一照一码）申请书》	原件：1份 材料形式：纸质/电子化 材料说明：拟任法定代表人签署
2	经办人身份证明	复印件：1份 材料形式：纸质/电子化 材料说明：验原件；走全流程网上商事登记时不需提供
3	全体股东（发起人）签署的章程	原件：1份 材料形式：纸质/电子化 材料说明：全体股东（发起人）签署，勿盖私章
4	股东（发起人）的主体资格证明	复印件：1份 材料形式：纸质/电子化 材料说明：收复印件，自然人身份证明验原件，单位资格证明加盖公章，注明"与原件一致"。股东为深圳市商事主体的可以免提交主体资格证明；走全流程网上商事登记时不需提供

续表

序号	材料名称	材料要求
5	法定代表人、执行董事/董事长、董事、监事、经理的任职文件	原件：1份 材料形式：纸质/电子化 材料说明：原件
6	法定代表人、执行董事/董事长、董事、监事、经理的身份证明	复印件：1份 材料形式：纸质/电子化 材料说明：收复印件，法定代表人身份证明验原件；执行董事/董事长、董事、监事、经理身份证明的复印件上需注明"与原件一致"并由法定代表人签字；走全流程网上商事登记时不需提供
7	法律、行政法规和国务院决定规定设立公司必须报经批准的，提交批准文件或者许可证书	复印件：1份 材料形式：纸质 材料说明：可由注册机构通过监察局共享系统查验相关信息的，可无需提交；否则需提交纸质文件；如有此项材料不能走全流程网上商事登记
8	一人（自然人）独资有限公司应提交一人有限公司承诺书	原件：1份 材料形式：纸质/电子化 材料说明：股东签署

表4-2　合伙企业注册材料清单

序号	材料名称	材料要求
1	执行合伙事务的合伙人的委托书	原件：1份 材料形式：纸质/电子化 要求：全体合伙人签署
2	经办人身份证明	复印件：1份 材料形式：纸质/电子化 要求：验原件；走全流程网上商事登记时不需提供
3	执行事务合伙人是法人或其他组织的，还应当提交其委派代表的身份证明	复印件：1份 材料形式：纸质/电子化 要求：验原件；走全流程网上商事登记时不需提供
4	全体合伙人的主体资格证明	复印件：1份 材料形式：纸质/电子化 要求：自然人身份证明验原件，单位资格证明加盖公章，注明"与原件一致"。股东为深圳市商事主体的可以免提交主体资格证明
5	全体合伙人对各合伙人认缴或实缴出资的确认书	原件：1份 材料形式：纸质/电子化 要求：全体合伙人签署；合伙人以实物、知识产权、土地使用权或者其他财产权利出资，经全体合伙人协商作价的，提交全体合伙人签署的协商作价确认书；经全体合伙人委托法定的评估机构作价的，提交法定评估机构出具的评估作价证明（如有此项材料不能走全流程网上商事登记）

续表

序号	材料名称	材料要求
6	合伙协议	原件：1份 材料形式：纸质/电子化 要求：全体合伙人签署
7	法律、行政法规规定设立特殊的普通合伙企业，需要提交合伙人的职业资格证明的，应提交	原件：1份 材料形式：纸质/电子化 其他要求
8	执行事务合伙人是法人或其他组织的，还应当提交其委派代表的委托书	原件：1份 材料形式：纸质/电子化 其他要求
9	《企业设立登记（一照一码）申请书》	原件：1份 材料形式：纸质/电子化 要求：全体合伙人签署

4.2.2.3 网上办理流程

以下以深圳市的合伙企业开业登记网上办理流程来加以说明，如图4-6所示。

（1）申请及受理。申请人登陆广东政务服务网提出申请，生成流程编号。受理人员在3个工作日内作出是否受理决定。申请人符合申请资格，且材料齐全、格式规范、符合法定形式的，予以受理；申请人不符合申请资格或材料不齐全、不符合法定形式的，受理人员不予受理，出具《登记驳回通知书》，一次告知申请人需要补正的全部内容。

（2）审核。审核人员对申请材料进行形式审查、要件审查。办理时间为1个工作日。

（3）审批。材料齐全，符合法定形式的，审批人员作出审批通过决定。申请材料形式不规范、要件不齐全的，作出不予审批的决定。办理时限为2个工作日。

（4）办结。审批通过的当场办结，审批人员作出许可决定，制作《营业执照》。

（5）送达

① 经办人凭受理回执到窗口领取《营业执照》。工作人员应核对企业授权委托书、经办人身份证明、办理事项流程号，发放《营业执照》。

② 在申请时已选择通过邮寄送达的，工作人员按申请人填报的地址邮寄送达《营业执照》。

4.2.2.4 窗口办理流程

以下以深圳市的合伙企业开业登记窗口办理流程来加以说明，如图4-7所示。

```
                    申请
          申请人登陆广东政务服务网
            提出申请，生成流程编号

                     │
                     ▼
                                  不符合申请资格或材料不齐
                                  全、不符合法定形式
                    受理                              ┌─────────────┐
          受理人员在 3 个工作日内作  ──────────────▶  │ 不予受理，出具 │
            出是否受理决定                            │《登记驳回通知书》│
                                                    └─────────────┘
                     │                                      ▲
      申请人符合申请资格，且材料齐全、                        │
        格式规范、符合法定形式                               │
                     ▼                                      │
                    审核                                    │
          对申请材料进行形式审查、要件审          申请材料形式不规
            查（办理时限为 1 个工作日）            范、要件不齐全的
                     │                                      │
                     ▼                                      │
                    审批                                    │
          （办理时限为 2 个工作日）  ───────────────────────┘

                     │
        材料齐全，符合法定形式
          的，审查通过
                     ▼
                    办结
          审批通过的当场办结，审批人员作
            出许可决定，制作《营业执照》

                     │
                     ▼
                    送达
  （1）经办人凭受理回执，到窗口领取《营业执照》。
  工作人员应核对企业授权委托书、经办人身份证明、
  办理事项流程号，发放《营业执照》
  （2）在申请时已选择通过邮寄送达的，工作人员按
  申请人填报的地址邮寄送达《营业执照》
```

图4-6　合伙企业开业登记网上办理流程

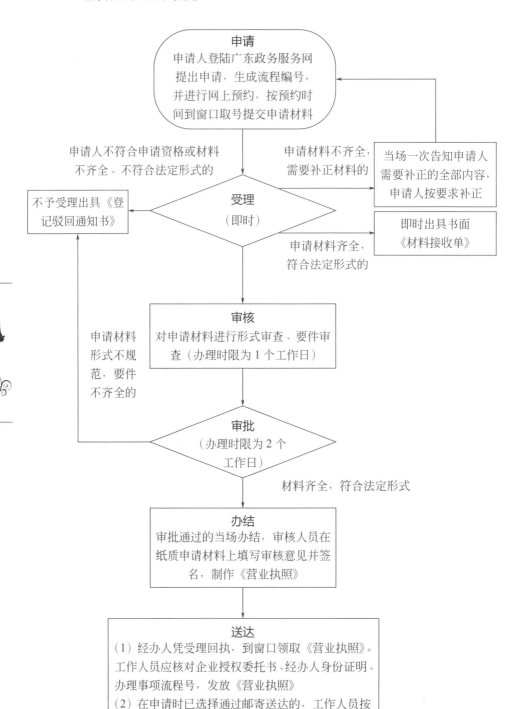

图4-7 合伙企业开业登记窗口办理流程

（1）申请及受理。申请人登陆广东政务服务网提出申请，生成流程编号，并进行网上预约，按预约时间到窗口取号提交申请材料。申请材料齐全，符合法定形式的，窗口工作人员应即时出具书面《材料接收单》。申请人不符合申请资格或材料不齐全、不符合法定形式的，窗口工作人员不予受理，即时出具《登记驳回通知书》。申请材料不齐全，需要补正材料的，应当当场一次告知申请人需要补正的全部内容，申请人按要求补正后重新受理审查。

（2）审核。审核人员对申请材料进行形式审查、要件审查。办理时限为1个工作日。

（3）审批。材料齐全，符合法定形式的，审批人员作出审批通过决定。申请材料形式不规范、要件不齐全的，作出不予审批的决定。办理时限为2个工作日。

（4）办结。审批通过的当场办结，审核人员在纸质申请材料上填写审核意见并签名，制作《营业执照》。

（5）送达

① 经办人凭受理回执到窗口领取《营业执照》。工作人员应核对企业授权委托书、经办人身份证明、办理事项流程号，发放《营业执照》。

② 在申请时已选择通过邮寄送达的，工作人员按申请人填报的地址邮寄送达《营业执照》。

以下提供一些在合伙企业开业登记过程中可能需要用到的一些文书范本供参考。

全体合伙人委托执行事务合伙人的委托书

经全体合伙人协商一致，同意委托＿＿＿＿为执行事务合伙人。

全体合伙人签字或盖章：

　　　　　　　　　　　　年　　　月　　　日

合伙企业出资额确认书

根据《合伙企业法》及本企业合伙协议，＿＿＿＿（合伙企业名称）全体合伙人出资情况确认如下：

1.合伙人＿＿＿＿，认缴出资额＿＿＿＿万元人民币，实缴出资额＿＿＿＿万元人民币，以货币方式出资，＿＿＿＿年＿＿＿月＿＿＿＿日前一次性缴付。

2.合伙人＿＿＿＿，认缴出资额＿＿＿＿万元人民币，实缴出资额＿＿＿＿万元人民币，以货币方式出资，＿＿＿年＿＿＿月＿＿＿日前一次性缴付。

3.合伙人＿＿＿＿，认缴出资额＿＿＿＿万元人民币，实缴出资额＿＿＿万元人民币，以货币方式出资，＿＿＿年＿＿＿月＿＿＿日前一次性缴付。

（注：合伙人以货币出资的，出资方式为"货币出资"，认缴出资额、实缴出资额列明出资金额；合伙人以非货币财产出资评估作价的，出资方式为"实物、知识产权、土地使用权或其

他财产权利"，认缴出资额、实缴出资额应列明估价金额，评估方式为"全体合伙人评估或机构评估"；合伙人以劳务出资的，出资方式应列明"劳务"，认缴出资额、实缴出资额为全体合伙人对该劳务出资的估价金额，评估方式为"全体合伙人评估"。）

全体合伙人认缴出资＿＿＿万元人民币，实缴出资＿＿＿万元人民币。

全体合伙人签字或盖章：

年　　月　　日

深圳××××××××（有限合伙）合伙协议

第一章　总则

第一条　根据《中华人民共和国合伙企业法》（以下简称《合伙企业法》）、《中华人民共和国合伙企业登记管理办法》（以下简称《合伙企业登记管理办法》）及有关法律、行政法规、规章的有关规定，经全体合伙人协商一致，订立本协议。

第二条　本企业为有限合伙企业，是根据协议自愿组成的共同经营体。全体合伙人愿意遵守国家有关的法律、法规、规章，依法纳税，守法经营。

第三条　本协议条款与法律、行政法规、规章不符的，以法律、行政法规、规章的规定为准。

第四条　本协议经全体合伙人签名、盖章后生效。合伙人按照合伙协议享有权利，履行义务。

第二章　合伙企业的名称和主要经营场所的地点

第五条　合伙企业名称：＿深圳××××××××（有限合伙）＿

第六条　企业经营场所：＿深圳市××区×××××＿

第三章　合伙目的和合伙经营范围（及合伙期限）

第七条　合伙目的：＿××××××××××××××××＿

第八条　合伙经营范围：＿××××××××××××××××＿

（注：参照《国民经济行业分类标准》具体填写。合伙经营范围用语不规范的，以企业登记机关根据前款加以规范、核准登记的为准。合伙经营范围变更时依法向企业登记机关办理变更登记。）

第九条　合伙期限为××年。

第四章　合伙人的姓名或者名称、住所

第十条 合伙人共＿×＿个，分别是：

1.普通合伙人：＿×××＿

住所（址）：＿××××××××××＿

证件名称：＿×××××××＿

证件号码：＿×××××××＿

2.有限合伙人：＿×××＿

住所（址）：＿×××××××××××＿

证件名称：×××××××

证件号码：×××××××

3.普通合伙人/有限合伙人（注：选择其中之一）：×××

......

（注：可续写。有限合伙企业由两个以上五十个以下合伙人设立；但是，法律另有规定的除外。有限合伙企业至少应当有一个普通合伙人和一个有限合伙人。普通合伙人为自然人的，应当具有完全民事行为能力。）

第五章　合伙人的出资方式、数额和缴付期限

第十一条　合伙人的出资方式、数额和缴付期限。

1.普通合伙人

以货币出资_____万元，以_____（注：实物、知识产权、土地使用权、劳务或其他非货币财产权利，根据实际情况选择）作价出资_____万元，总认缴出资_____万元。

首期实缴出资_____万元，在申请合伙企业设立登记前缴纳，其余认缴出资在领取营业执照之日起_____个月内缴足。

2.有限合伙人

以货币出资_____万元，以（注：实物、知识产权、土地使用权或其他非货币财产权利，根据实际情况选择）作价出资_____万元，总认缴出资_____万元。

首期实缴出资_____万元，在申请合伙企业设立登记前缴纳，其余认缴出资在领取营业执照之日起_____个月内缴足。

3.......

（注：可续写。以非货币财产出资的，依照法律、行政法规的规定，需要办理财产权转移手续的，应当依法办理。有限合伙人不得以劳务出资）。

第六章　利润分配、亏损分担方式

第十二条　合伙企业的利润分配，按如下方式分配：由合伙人按照实缴出资比例分配（注：可根据实际情况，另行描述）。

第十三条　合伙企业的亏损分担，按如下方式分担：　由合伙人按照实缴出资比例分担（注：可根据实际情况，另行描述）。

（注：不得约定将全部利润分配给部分合伙人或者由部分合伙人承担全部亏损。合伙协议未约定或者约定不明确的，由合伙人协商决定；协商不成的，由合伙人按照实缴出资比例分配、分担；无法确定出资比例的，由合伙人平均分配、分担。）

第七章　合伙事务的执行

第十四条　有限合伙企业由普通合伙人执行合伙事务。作为合伙人的法人、其他组织执行合伙事务的，由其委派的代表执行。

执行事务合伙人应具备如下条件：　1.按期缴付出资，对合伙企业的债务承担无限连带责任；2.有丰富的管理经验，在本行业曾取得优良的业绩（注：可根据本企业实际情况，另行约定）。

执行事务合伙人的选择程序为：经全体合伙人一致决定（注：也可依据《合伙企业法》第二十六条的规定在本条约定其他决定方式，例如"经三分之二以上合伙人决定"），委托一个（或者数个）合伙人执行合伙事务。其他合伙人不再执行合伙事务。

第十五条　执行事务合伙人权限为：<u>执行事务合伙人负责合伙企业日常运营，对外代表合伙企业</u>（注：可根据本企业实际情况，另行约定）。

执行事务合伙人违约处理办法：<u>执行事务合伙人不按照合伙协议约定或全体合伙人的决定执行事务导致违约发生的，执行事务合伙人应对其他合伙人因此造成的损失进行赔偿</u>（注：可根据本企业实际情况，另行约定）。

第十六条　不执行合伙事务的合伙人有权监督执行事务合伙人执行合伙事务的情况。执行事务合伙人应当定期向其他合伙人报告事务执行情况以及合伙企业的经营和财务状况，其执行合伙事务所产生的收益归合伙企业，所产生的费用和亏损由合伙企业承担。

第十七条　合伙人分别执行合伙事务的，执行事务合伙人可以对其他合伙人执行的事务提出异议。提出异议时，应当暂停该事务的执行。如果发生争议，依照本协议第十八条的规定作出表决。

受委托执行合伙事务的合伙人不按照合伙协议或者全体合伙人的决定执行事务的，其他合伙人可以决定撤销该委托。

第十八条　<u>合伙人对合伙企业有关事项作出决议，实行合伙人一人一票并经全体合伙人过半数通过的表决办法</u>（注：也可依据《合伙企业法》第三十条的规定在本条约定其他的表决办法）。

第十九条　合伙企业的下列事项应当<u>经全体合伙人一致同意</u>（注：也可依据《合伙企业法》第三十一条的规定在本条约定其他同意方式）。

（一）改变合伙企业的名称。

（二）改变合伙企业的经营范围、主要经营场所的地点。

（三）处分合伙企业的不动产。

（四）转让或者处分合伙企业的知识产权和其他财产权利。

（五）以合伙企业名义为他人提供担保。

（六）聘任合伙人以外的人担任合伙企业的经营管理人员。

第二十条　普通合伙人不得自营或者同他人合作经营与本有限合伙企业相竞争的业务；<u>有限合伙人可以自营或者同他人合作经营与本有限合伙企业相竞争的业务</u>（也可依据《合伙企业法》第七十一条的规定在本条约定其他情形）。

<u>除经全体合伙人一致同意</u>（注：也可依据《合伙企业法》第三十二条的规定在本条约定其他同意方式）外，普通合伙人不得同本合伙企业进行交易。<u>有限合伙人可以同本有限合伙企业进行交易</u>（也可依据《合伙企业法》第七十条的规定在本条约定其他情形）。合伙人不得从事损害本合伙企业利益的活动。

第二十一条　合伙人<u>经全体合伙人决定</u>，可以增加或者减少对合伙企业的出资（注：也可依据《合伙企业法》第三十四条的规定在本条约定其他决定方式）。

第二十二条　有限合伙人不执行合伙事务，不得对外代表有限合伙企业，有《合伙企业法》第六十八条规定的行为，不视为执行合伙事务。

第八章　入伙与退伙

第二十三条　新合伙人入伙，<u>经全体合伙人一致同意</u>（注：也可依据《合伙企业法》第四十三条的规定在本条约定其他同意方式），依法订立书面入伙协议。订立入伙协议时，原合伙人应当向新合伙人如实告知原合伙企业的经营状况和财务状况。<u>入伙的新合伙人与原合伙人享有同等权利，承担同等责任</u>（注：也可依据《合伙企业法》第四十四条的规定在本条约定新合伙人的其他权利和责任）。新入伙的普通合伙人对入伙前合伙企业的债务承担无限连带责任；新入伙的有限合伙人对入伙前有限合伙企业的债务，以其认缴的出资额为限承担责任。

第二十四条　合伙协议约定合伙期限的，在合伙企业存续期间，有《合伙企业法》第四十五条规定的情形之一的，合伙人可以退伙。

合伙协议未约定合伙期限的，合伙人在不给合伙企业事务执行造成不利影响的情况下，可以退伙，但应当提前三十日通知其他合伙人。

合伙人违反《合伙企业法》第四十五或四十六条规定退伙的，应当赔偿由此给合伙企业造成的损失。

第二十五条　普通合伙人有《合伙企业法》第四十八条规定的情形之一的和有限合伙人有《合伙企业法》第四十八条第一款第一项、第三项至第五项所列情形之一的，当然退伙。

普通合伙人被依法认定为无民事行为能力人或者限制民事行为能力人的，经其他合伙人一致同意，可以依法转为有限合伙人；其他合伙人未能一致同意的，该无民事行为能力或者限制民事行为能力的普通合伙人退伙。

退伙事由实际发生之日为退伙生效日。

第二十六条　合伙人有《合伙企业法》第四十九条规定的情形之一的，经其他合伙人一致同意，可以决议将其除名。

执行事务合伙人因有上述情形而被除名的，应按本协议第十三条的规定推举新的执行事务合伙人。

对合伙人的除名决议应当书面通知被除名人。被除名人接到除名通知之日，除名生效，被除名人退伙。被除名人对除名决议有异议的，可以自接到除名通知之日起三十日内，向人民法院起诉。

第二十七条　普通合伙人死亡或者被依法宣告死亡的，对该合伙人在合伙企业中的财产份额享有合法继承权的继承人，<u>经全体合伙人一致同意</u>（注：也可依据《合伙企业法》第五十条的规定在本条约定其他同意方式），从继承开始之日起，取得该合伙企业的合伙人资格。作为有限合伙人的自然人死亡、被依法宣告死亡或者作为有限合伙人的法人及其他组织终止时，其继承人或者权利承受人可以依法取得该有限合伙人在有限合伙企业中的资格。

有《合伙企业法》第五十条规定的情形之一，合伙企业应当向合伙人的继承人退还被继承合伙人的财产份额。

普通合伙人的继承人为无民事行为能力人或者限制民事行为能力人的，经全体合伙人一致同意，可以依法成为有限合伙人。全体合伙人未能一致同意的，合伙企业应当将被继承合伙人的财产份额退还该继承人。<u>经全体合伙人决定，可以退还货币，也可以退还实物</u>（注：也可依据《合伙企业法》第五十二条的规定在本条约定其他决定方式和退还办法）。

第二十八条　普通合伙人退伙后，对基于其退伙前的原因发生的合伙企业债务，承担无限连带责任；退伙时，合伙企业财产少于合伙企业债务的，该退伙人应当依照本协议第十三条的规定分担亏损。有限合伙人退伙后，对基于其退伙前的原因发生的有限合伙企业债务，以其退伙时从有限合伙企业中取回的财产承担责任。

第二十九条　经全体合伙人一致同意（注：也可依据《合伙企业法》第八十二条的规定在本条约定其他同意方式），普通合伙人可以转变为有限合伙人，或者有限合伙人可以转变为普通合伙人。

有限合伙人转变为普通合伙人的，对其作为有限合伙人期间有限合伙企业发生的债务承担无限连带责任。普通合伙人转变为有限合伙人的，对其作为普通合伙人期间合伙企业发生的债务承担无限连带责任。

第三十条　有限合伙企业仅剩有限合伙人的，应当解散；有限合伙企业仅剩普通合伙人的，转为普通合伙企业。

第九章　争议解决办法

第三十一条　合伙人履行合伙协议发生争议的，合伙人可以通过协商或者调解解决。不愿通过协商、调解解决或者协商、调解不成的，<u>可以向人民法院起诉</u>（注：也可依据《合伙企业法》第一百零三条的规定在本条约定向某仲裁机构申请仲裁）。

第十章　合伙企业的解散与清算

第三十二条　合伙企业有下列情形之一的，应当解散。

（一）合伙期限届满，合伙人决定不再经营。

（二）合伙协议约定的解散事由出现。

（三）全体合伙人决定解散。

（四）合伙人已不具备法定人数满三十天。

（五）合伙协议约定的合伙目的已经实现或者无法实现。

（六）依法被吊销营业执照、责令关闭或者被撤销。

（七）法律、行政法规规定的其他原因。

第三十三条　合伙企业清算办法应当按《合伙企业法》的规定进行清算。

清算期间，合伙企业存续，不得开展与清算无关的经营活动。

合伙企业财产在支付清算费用和职工工资、社会保险费用、法定补偿金以及缴纳所欠税款、清偿债务后的剩余财产，依照第十二条的规定进行分配。

第三十四条　清算结束后，清算人应当编制清算报告，经全体合伙人签名、盖章后，在十五日内向企业登记机关报送清算报告，申请办理合伙企业注销登记。

第十一章　违约责任

第三十五条　合伙人违反合伙协议的，应当依法承担违约责任。

第十二章　其他事项

第三十六条　<u>经全体合伙人协商一致</u>（注：也可根据《合伙企业法》第十九条第二款的规定在本条约定其他同意方式），可以修改或者补充合伙协议。

第三十七条　本协议一式＿＿＿＿＿份，合伙人各持一份，并报合伙企业登记机关一份。

本协议未尽事宜，按国家有关规定执行。

全体合伙人<u>签名、盖章</u>（注：可选择。合伙人为自然人的应签名，为法人、其他组织的应加盖公章）。

年　　月　　日

深圳×××××××（普通合伙）合伙协议

第一章　总则

第一条　根据《中华人民共和国合伙企业法》（以下简称《合伙企业法》）、《中华人民共和国合伙企业登记管理办法》（以下简称《合伙企业登记管理办法》）及有关法律、行政法规、规章的有关规定，经全体合伙人协商一致，订立本协议。

第二条　本企业为普通合伙企业，是根据协议自愿组成的共同经营体。全体合伙人愿意遵守国家有关的法律、法规、规章，依法纳税，守法经营。

第三条　本协议条款与法律、行政法规、规章不符的，以法律、行政法规、规章的规定为准。

第四条　本协议经全体合伙人签名、盖章后生效。合伙人按照合伙协议享有权利，履行义务。

第二章　合伙企业的名称和主要经营场所的地点

第五条　合伙企业名称：深圳市××××××××××××

第六条　企业经营场所：深圳市××区××××××××××

第三章　合伙目的、合伙经营范围和合伙期限

第七条　合伙目的：×××××××××××

第八条　合伙经营范围：××××××××××××

（注：参照《国民经济行业分类标准》具体填写。合伙经营范围用语不规范的，以企业登记机关根据前款加以规范、核准登记的为准。合伙经营范围变更时依法向企业登记机关办理变更登记。）

第九条　合伙期限为××年。

第四章　合伙人的姓名或者名称、住所

第十条　合伙人共　××　个，分别是：

1.×××

住所（址）：×××××××

证件名称：××××××

证件号码：××××××

2.×××

住所（址）：×××××××

证件名称：××××××

证件号码：××××××

（注：可续写。合伙人为自然人的，应当具有完全民事行为能力。）

第五章　合伙人的出资方式、数额和缴付期限

第十一条　合伙人的出资方式、数额和缴付期限。

1.合伙人：×××。

以货币出资××万元，以××（注：实物、知识产权、土地使用权、劳务或其他非货币财产权利，根据实际情况选择）作价出资××万元，总认缴出资××万元。

首期实缴出资××万元，在申请合伙企业设立登记前缴纳，其余认缴出资在领取营业执

照之日起××个月内缴足。

2.合伙人：×××。

以货币出资××万元，以××（注：实物、知识产权、土地使用权、劳务或其他非货币财产权利，根据实际情况选择）作价出资××万元，总认缴出资××万元。

首期实缴出资××万元，在申请合伙企业设立登记前缴纳，其余认缴出资在领取营业执照之日起××个月内缴足。

（注：可续写。以非货币财产出资的，依照法律、行政法规的规定，需要办理财产权转移手续的，应当依法办理。）

第六章　利润分配、亏损分担方式

第十二条　合伙企业的利润分配，按如下方式分配：由合伙人按照实缴出资比例分配（注：可根据实际情况，另行描述）。

第十三条　合伙企业的亏损分担，按如下方式分担：由合伙人按照实缴出资比例分担（注：可根据实际情况，另行描述）。

（注：不得约定将全部利润分配给部分合伙人或者由部分合伙人承担全部亏损。合伙协议未约定或者约定不明确的，由合伙人协商决定；协商不成的，由合伙人按照实缴出资比例分配、分担；无法确定出资比例的，由合伙人平均分配、分担。）

第七章　合伙事务的执行

第十四条　经全体合伙人决定（注：也可依据《合伙企业法》第二十六条的规定在本条约定其他决定方式，例如"经三分之二以上合伙人决定"），委托一个（或：数个）合伙人对外代表合伙企业，执行合伙事务。作为合伙人的法人、其他组织执行合伙事务的，由其委派的代表执行。其他合伙人不再执行合伙事务。

第十五条　不执行合伙事务的合伙人有权监督执行事务合伙人执行合伙事务的情况。执行事务合伙人应当定期向其他合伙人报告事务执行情况以及合伙企业的经营和财务状况，其执行合伙事务所产生的收益归合伙企业，所产生的费用和亏损由合伙企业承担。

第十六条　合伙人分别执行合伙事务的，执行事务合伙人可以对其他合伙人执行的事务提出异议。提出异议时，应当暂停该事务的执行。如果发生争议，依照本协议第十七条的规定作出表决。受委托执行合伙事务的合伙人不按照合伙协议或者全体合伙人的决定执行事务的，其他合伙人可以决定撤销该委托。

第十七条　合伙人对合伙企业有关事项作出决议，实行合伙人一人一票并经全体合伙人过半数通过的表决办法（注：也可依据《合伙企业法》第三十条的规定在本条约定其他的表决办法）。

第十八条　合伙企业的下列事项应当经全体合伙人一致同意（注：也可依据《合伙企业法》第三十一条的规定在本条约定其他同意方式）。

（一）改变合伙企业的名称。

（二）改变合伙企业的经营范围、主要经营场所的地点。

（三）处分合伙企业的不动产。

（四）转让或者处分合伙企业的知识产权和其他财产权利。

（五）以合伙企业名义为他人提供担保。

（六）聘任合伙人以外的人担任合伙企业的经营管理人员。

第十九条　合伙人不得自营或者同他人合作经营与本合伙企业相竞争的业务；除经全体

合伙人一致同意（注：也可依据《合伙企业法》第三十二条的规定在本条约定其他同意方式）外，合伙人不得同本合伙企业进行交易。合伙人不得从事损害本合伙企业利益的活动。

第二十条　合伙人<u>经全体合伙人决定</u>，可以增加或者减少对合伙企业的出资（注：也可依据《合伙企业法》第三十四条的规定在本条约定其他决定方式）。

第八章　入伙与退伙

第二十一条　新合伙人入伙，<u>经全体合伙人一致同意</u>（注：也可依据《合伙企业法》第四十三条的规定在本条约定其他同意方式），依法订立书面入伙协议。订立入伙协议时，原合伙人应当向新合伙人如实告知原合伙企业的经营状况和财务状况。<u>入伙的新合伙人与原合伙人享有同等权利，承担同等责任</u>（注：也可依据《合伙企业法》第四十四条的规定在本条约定新合伙人的其他权利和责任）。新合伙人对入伙前合伙企业的债务承担无限连带责任。

第二十二条　合伙协议约定合伙期限的，在合伙企业存续期间，有《合伙企业法》第四十五条规定的情形之一的，合伙人可以退伙。

合伙协议未约定合伙期限的，合伙人在不给合伙企业事务执行造成不利影响的情况下，可以退伙，但应当提前三十日通知其他合伙人。

合伙人违反《合伙企业法》第四十五或四十六条规定退伙的，应当赔偿由此给合伙企业造成的损失。

第二十三条　合伙人有《合伙企业法》第四十八条规定的情形之一的，当然退伙。

退伙事由实际发生之日为退伙生效日。

第二十四条　合伙人有《合伙企业法》第四十九条规定的情形之一的，经其他合伙人一致同意，可以决议将其除名。

对合伙人的除名决议应当书面通知被除名人。被除名人接到除名通知之日，除名生效，被除名人退伙。被除名人对除名决议有异议的，可以自接到除名通知之日起三十日内，向人民法院起诉。

第二十五条　合伙人死亡或者被依法宣告死亡的，对该合伙人在合伙企业中的财产份额享有合法继承权的继承人，<u>经全体合伙人一致同意</u>（注：也可依据《合伙企业法》第五十条的规定在本条约定其他同意方式），从继承开始之日起，取得该合伙企业的合伙人资格。

有《合伙企业法》第五十条规定的情形之一，合伙企业应当向合伙人的继承人退还被继承合伙人的财产份额。

第二十六条　合伙人退伙，其他合伙人应当与该退伙人按照退伙时的合伙企业财产状况进行结算，退还退伙人的财产份额。退伙人对给合伙企业造成的损失负有赔偿责任的，相应扣减其应当赔偿的数额。退伙时有未了结的合伙企业事务的，待该事务了结后进行结算。

<u>退伙人在合伙企业中的财产份额，经全体合伙人决定，可以退还货币，也可以退还实物</u>（注：也可依据《合伙企业法》第五十二条的规定在本条约定其他决定方式和退还办法）。

第二十七条　合伙人退伙后，对基于其退伙前的原因发生的合伙企业债务，承担无限连带责任；退伙时，合伙企业财产少于合伙企业债务的，该退伙人应当依照本协议第十三条的规定分担亏损。

第九章　争议解决办法

第二十八条　合伙人履行合伙协议发生争议的，合伙人可以通过协商或者调解解决。不愿通过协商、调解解决或者协商、调解不成的，<u>可以向人民法院起诉</u>（注：也可依据《合伙企业法》第一百零三条的规定在本条约定向某仲裁机构申请仲裁）。

第十章　合伙企业的解散与清算

第二十九条　合伙企业有下列情形之一的，应当解散。

（一）合伙期限届满，合伙人决定不再经营。

（二）合伙协议约定的解散事由出现。

（三）全体合伙人决定解散。

（四）合伙人已不具备法定人数满三十天。

（五）合伙协议约定的合伙目的已经实现或者无法实现。

（六）依法被吊销营业执照、责令关闭或者被撤销。

（七）法律、行政法规规定的其他原因。

第三十条　合伙企业应当按《合伙企业法》的规定进行清算。

清算期间，合伙企业存续，但不得开展与清算无关的经营活动。

合伙企业财产在支付清算费用和职工工资、社会保险费用、法定补偿金以及缴纳所欠税款、清偿债务后的剩余财产，依照本协议第十二条的规定进行分配。

第三十一条　清算结束，清算人应当编制清算报告，经全体合伙人签名、盖章后，在十五日内向企业登记机关报送清算报告，申请办理合伙企业注销登记。

第十一章　违约责任

第三十二条　合伙人违反合伙协议的，应当依法承担违约责任。

第十二章　其他事项

第三十三条　<u>经全体合伙人协商一致同意</u>（注：也可根据《合伙企业法》第十九条第二款的规定在本条约定其他同意方式），可以修改或者补充合伙协议。

第三十四条　本协议一式××份，合伙人各持一份，并报合伙企业登记机关一份。

本协议未尽事宜，按国家有关规定执行。

<u>全体合伙人签名、盖章</u>：（注：合伙人为自然人的应签名，为法人、其他组织的应加盖公章）

年　　月　　日

（注：特殊的普通合伙适用本协议）

4.3　登记注册后的事项

新注册的公司领到营业执照后需要先开设银行基本账户，之后去税务局办理公司的税种核定，核完税后公司就可以正常营业了。

4.3.1　刻制印章并备案

4.3.1.1　申请

企业拿到《营业执照》后，应持《营业执照》原件和复印件各一份、法定代表人和经办人身份证原件及复印件各一份、法人授权委托书，并附印章样模，到属地公安分局办证大厅办理申请刻制印章的手续。

4.3.1.2　刻制印章

企业须凭公安分局填发的《刻章许可证》到市公安局核准的刻章店刻章。

4.3.1.3　印章备案

印章刻好之后将新刻的印章盖在印鉴卡上，并于三个工作日内将该印鉴卡交回公安分局原审批窗口备案。

特别提示 ▶▶▶

必须在《营业执照》签发日期起一个月之内办好备案，有特别原因延误的，可以在证明上说明合理的原因才接受印章备案，否则公安机关不再接受印章备案。

4.3.2　到银行开户

4.3.2.1　新办企业开户所需证件

新办企业开户需要证件如下。

（1）三证合一的营业执照正本+副本。

（2）公司配套的公章、私章、财务章。

（3）法人身份证原件+股东或者其他人的身份证原件。

（4）房管所备过案的红本租赁合同，或者街道办开具的场地使用证明。

4.3.2.2　新办企业开户手续

新办企业开户手续如下。

（1）银行交验证件。

（2）客户如实填写《开立单位银行结算账户申请书》，并加盖公章。

（3）开户行应与存款人签订"人民币单位银行结算账户管理协议"，开户行与存款人各执一份。

（4）填写《关联企业登记表》。

（5）下面银行会送报人行批准核准。人行核准并核发《开户许可证》后，开户行会将《开户许可证》正本及密码、《开户申请书》客户留存联交与客户签收。

4.3.3　申请税务登记与核税种

三证合一的营业执照下来之后，还需去税务局办理税务登记，即核税，企业核税完成之后，要每个月按时报税，若无经营，也需要0申报，并于每年6月30日之前做好上一年度的企业年检公示工作，不然会被纳入工商局黑名单。

企业税务登记的流程如下。

（1）先开户，预约银行办理开户许可证。带上公司全套材料、三章、法人股东身份证复印件，一般需要2周左右的时间办好。

（2）开户完成后，需要带着法人、股东的身份证复印件、公司开户许可证复印件、营业执照副本复印件、办公场地的租赁合同和房产证复印件，去税务局办理税务登记，一般当天可以办好。

4.3.4　领取购买发票

发票是财务收支的合法凭证，它既是纳税人进行会计核算的原始凭证，也是税务机关计算和征收税款的一个直接依据，更是税务稽查的重要依据。因此，发票管理是我国税收征收管理工作的一个重要方面。

4.3.4.1　发票的领购及使用流程

发票的领购及使用流程如图4-8所示。

图4-8　发票的领购及使用流程

4.3.4.2　新办企业发票的申领

领取营业执照后，企业便可以向主管税务机关申请领购发票。

发票管理部门会根据纳税人的经营范围、经营规模，审核确认纳税人使用发票的种类，并填写"纳税人使用发票种类认定表"，经纳税人签字认可后，由发票管理部门留存，并核对发票领购簿（卡），同时将纳税人领购发票的相关信息录入计算机。

发票的发售数量依据纳税人的经营规模、开票频率和纳税人申报的诚实程度综合确定。根据有关规定：主管税务机关在新办纳税人初次领购发票时，一般采取就低原则，定额专用发票可按一个月用量发售，其他发票一般先发售一本或者一卷。税收管理员在新办纳税人初次领购发票后3日内对纳税人的生产经营场所现场查验并进行复核，同时填写"发票核准种类、数量复核认定表"。再次领购发票时，纳税人应执"发票核准种类、数量复核认定表"向发票发售窗口申请领购发票。

（1）初次领购普通发票。纳税人初次领购发票时，需到办税服务厅办理购票手续，按照要求提供下列资料、证件。

①《营业执照》（副本）。

②《普通发票领购簿》。

③ 经办人身份证明（居民身份证、护照或其他证明其身份的证件）。

④ 财务专用章或发票专用章。

⑤ 填写"纳税人领购发票票种核定申请表"。

（2）初次申请领购专用发票。增值税一般纳税人初次申请领购专用发票时，应提供以下证件、资料。

①《营业执照》（副本）。

② 防伪税控IC卡。

③ 经办人身份证明（居民身份证、护照）。

第5章

人员组织与管理

 引言 ▶▶▶

　　企业人员组织与管理是把企业人员组织起来，完成企业的任务，实现企业的目标。企业人员配备与企业组织的设计，是整个管理活动的基础，是一项十分重要的管理工作。同时，人员的招聘与培训也是配备人员并使之工作效率达到最佳的途径。

5.1　公司的人员构成

公司的人员通常由以下几部分构成。

（1）老板。

（2）企业合伙人。

（3）员工。

（4）顾问。

5.1.1　老板

老板是企业的灵魂与核心（见图5-1）。

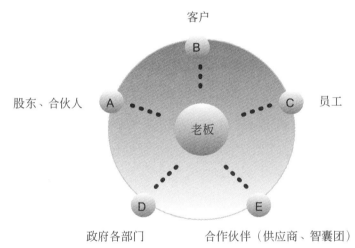

图5-1　老板是企业的灵魂与核心

5.1.1.1　老板的职责

（1）开发创意，制定目标和行动计划。

（2）组织和调动员工实施行动计划。

（3）确保企业达到预期的目标。

5.1.1.2　老板的能力

（1）用人（经营管理）能力。老板需具备一种重要能力，即用人（经营管理）能力。老板需耐心地发现、指导、授权他人来完成更多的工作，用他人的时间来倍增你的时间，这才是老板最应该做的事情，而不是你亲自去干具体工作。

（2）强化经营理念。

① 经营好自己。

② 经营好家庭。

③ 经营好顾客。

④ 经营好员工。

⑤ 制订企业计划时老板要考虑：自己的经营能力；明确自己要做的工作；哪些工作自己既无时间又无能力去做；是否要聘任一些员工，要求是什么？

5.1.2 企业合伙人

5.1.2.1 为什么要找合伙人

企业找合伙人共同经营企业，一般是因为有以下几方面需求。

（1）缺少资金。

（2）缺少技术或技能。

（3）没有销售能力或渠道。

（4）缺乏管理能力。

（5）分担风险等。

5.1.2.2 合伙的优势和劣势

合伙的优势和劣势见表5-1。

表5-1　合伙的优势和劣势

优势	劣势
（1）资金增大 （2）分工合作，技能互补 （3）增强信心并分担责任	（1）利益分割 （2）意见不统一延误决策时机 （3）合伙人破产，债主有权取得合伙企业中的份额

5.1.2.3 怎样慎重选择合作伙伴

（1）了解人品。不是一路人，不进一家门。

（2）他和你在一起工作过至少1年。若不了解合伙人的人品和个性，当经营出现亏损时，会相互埋怨、引起纠纷。

（3）他必须是个实在而且能踏实干事、有责任心的人。你可以把优秀的员工变成合伙人。

（4）他考虑得更多的是大局和共同的利益，而绝非他个人利益。不具备那种能损害企业利益的劣根性。

（5）要性格互补、能力互补、财力互补。

5.1.2.4　企业合伙人如何相处

（1）设置合理的股权结构。

（2）相互之间一定要透明、诚恳，己所不欲勿施于人。

（3）先小人，后君子。亲兄弟，明算账，凡事勤立规矩。按照商业法则处事。

（4）签订书面协议，分工明确。

（5）合作犹如谈恋爱，宽容其短，欣赏其长。

5.1.3　员工

5.1.3.1　怎样考虑招聘员工

你自己没有时间和能力把全部工作做完，所以需要招聘员工。那么招聘员工时要考虑哪些问题呢？

（1）参照你的企业构想，把该做的工作列出来。

（2）明确哪些工作需要人做？以岗定人。

（3）详细说明雇人所需技能和其他要求；岗位说明书。

（4）决定完成每项工作所需的人数。以量定人。

5.1.3.2　如何造就好员工

好员工是资产，他能为你赚钱创造财富。真正优秀的员工是免费的。

$$员工成本＝员工的收入－员工的绩效$$

一个员工在成为优秀员工之前，也需要你的持续的投入：时间、精力、金钱，还有爱。

5.2　建立公司的组织架构

5.2.1　建立组织架构的好处

企业为了满足顾客的需求，由一群人来提供其相关服务。而这一群人的工作，不但不能有所遗漏或重叠，更须注重工作效率，以达到最佳的服务与营运的目标。于是对这一群人要事先做适当的安排是必要的，这就是组织。

5.2.1.1　组织架构图的作用

组织架构图的作用有如图5-2所示的几个。

作用一	(1) 可以显示其职能的划分 (2) 让员工非常清晰地看出自己的上升空间，从而达到激励员工积极性的作用
作用二	(1) 可以知道其权责是否适当 (2) 拥有什么样的能力的人可以胜任此职位，做到"职对位"，有效利用起人力资源
作用三	(1) 可以看出该人员的工作负荷是否过重 (2) 多大的工作量需要几人来做，做到工作的量化
作用四	(1) 可以看出是否有无关人员承担几种较松散、无关系的工作 (2) 让工作效率最大化
作用五	(1) 可以看出是否有让有才干的人没有发挥出来的情形 (2) 让人力资源发挥最大的作用
作用六	(1) 可以看出有没有让不胜任此项工作的人担任的重要职位 (2) 做到"职对位"，使人力资源发挥最大的作用

图5-2　组织架构图的作用

5.2.1.2　员工可以了解的好处

透过组织，员工可以了解到以下方面。

（1）各人自身的工作权责及与同事工作的相互关系，权责划分。

（2）公司中对上司、对下属的关系，应遵循何人的指挥，须向谁报告。

（3）员工升迁渠道，建立自己的事业目标。由此，帮助团队的建立，发挥最大的团队效益。

5.2.2　如何建立组织架构

组织架构图并不是一个固定的格式，关键要考虑是否符合公司发展战略的需要，组织架构的功能是为了实现战略效果而将相关工作进行划分，因此要根据企业具体情况制定具体的个性组织架构图。

企业要根据具体情况（如部门的划分、部门人员职能的划分）制定具体的、整体的、个性的组织架构图，各个部门也要制定部门的、具体的、细分的组织架构图。

企业组织结构的主要类型有以下几种。

5.2.2.1　直线制

直线制是企业发展初期一种最简单的组织结构，如图5-3所示。

图5-3　直线制组织结构图

（1）特点。领导的职能都由企业各级主管一人执行，上下级权责关系呈一条直线。下属单位只接受一个上级的指令。

（2）优点。结构简化，权力集中，命令统一，决策迅速，责任明确。

（3）缺点。没有职能机构和职能人员当领导的助手。在规模较大、管理比较复杂的企业中，主管人员难以具备足够的知识和精力来胜任全面的管理，因而不能适应日益复杂的管理需要。

这种组织结构形式适合于产销单一、工艺简单的小型企业。

5.2.2.2　职能制

职能制组织结构与直线制恰恰相反。它的组织结构如图5-4所示。

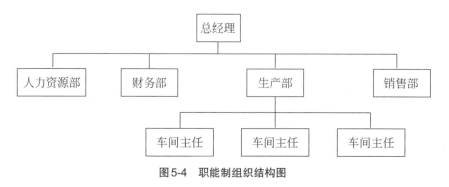

图5-4　职能制组织结构图

（1）特点。企业内部各个管理层次都设职能机构，并由许多通晓各种业务的专业人员 组成。各职能机构在自己的业务范围内有权向下级发布命令，下级都要服从各职能部门的指挥。

（2）优点。不同的管理职能部门行使不同的管理职权，管理分工细化，从而能大大提高管理的专业化程度，能够适应日益复杂的管理需要。

（3）缺点。政出多门，多头领导，管理混乱，协调困难，导致下属无所适从；上层领导与基层脱节，信息不畅。

5.2.2.3　直线职能制

直线职能制吸收了以上两种组织结构的长处而弥补了它们的不足，如图5-5所示。

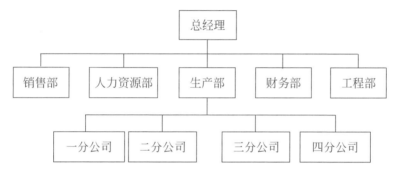

图5-5　直线职能式组织结构图

（1）特点。企业的全部机构和人员可以分为两类：一类是直线机构和人员；另一类是职能机构和人员。直线机构和人员在自己的职责范围内有一定的决策权，对下属有指挥和命令的权力，对自己部门的工作要负全面责任；而职能机构和人员，则是直线指挥人员的参谋，对直线部门下级没有指挥和命令的权力，只能提供建议和在业务上进行指导。

（2）优点。各级直线领导人员都有相应的职能机构和人员作为参谋和助手，因此能够对本部门进行有效的指挥，以适应现代企业管理比较复杂和细致的特点；而且每一级又都是由直线领导人员统一指挥，满足了企业组织的统一领导原则。

（3）缺点。职能机构和人员的权利、责任究竟应该占多大比例，管理者不易把握。

直线职能制在企业规模较小、产品品种简单、工艺较稳定又联系紧密的情况下，优点较突出；但对于大型企业，产品或服务品种繁多、市场变幻莫测，就不适应了。

5.2.2.4 事业部制

事业部制是目前国外大型企业通常采用的一种组织结构。它的组织结构如图 5-6 所示。

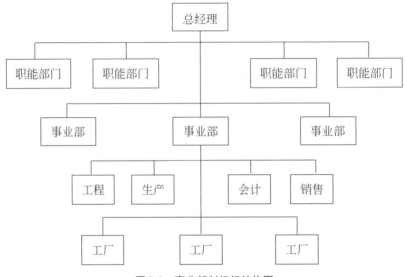

图 5-6　事业部制组织结构图

（1）特点。把企业的生产经营活动，按照产品或地区的不同，建立经营事业部。每个经营事业部是一个利润中心，在总公司领导下，独立核算、自负盈亏。

（2）优点。有利于调动各事业部的积极性，事业部有一定经营自主权，可以较快地对市场做出反应，一定程度上增强了适应性和竞争力；同一产品或同一地区的产品开发、制造、销售等一条龙业务属于同一主管，便于综合协调，也有利于培养有整体领导能力的高级人才；公司最高管理层可以从日常事务中摆脱出来，集中精力研究重大战略问题。

（3）缺点。各事业部容易产生本位主义和短期行为；资源的相互调剂会与既得利益发生矛盾；人员调动、技术及管理方法的交流会遇到阻力；企业和各事业部都设置职能机构，机构容易重叠，且费用增大。

事业部制适用于企业规模较大、产品种类较多、各种产品之间的工艺差别较大、市场变化较快及要求适应性强的大型联合企业。

5.2.2.5 矩阵制

矩阵制组织结构如图 5-7 所示。

（1）特点。既有按照管理职能设置的纵向组织系统，又有按照规划目标（产品、工程项目）划分的横向组织系统，两者结合，形成一个矩阵。横向系统的项

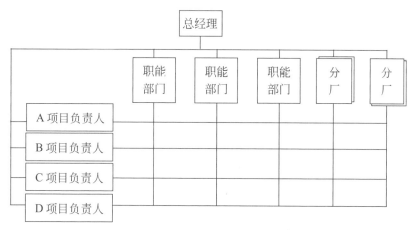

图 5-7　矩阵制组织结构图

目组所需工作人员从各职能部门抽调，这些人既接受本职能部门的领导，又接受项目组的领导，一旦某一项目完成，该项目组就撤销，人员仍回到原职能部门。

（2）优点。加强了各职能部门间的横向联系，便于集中各类专门人才加速完成某一特定项目，有利于提高成员的积极性。在矩阵制组织结构内，每个人都有更多机会学习新的知识和技能，因此有利于个人发展。

（3）缺点。由于实行项目和职能部门双重领导，当两者意见不一致时令人无所适从；工作发生差错也不容易分清责任；人员是临时抽调的，稳定性较差；成员容易产生临时观念，影响正常工作。

它适用于设计、研制等创新型企业，如军工、航空航天工业的企业。

5.2.3　确定员工的岗位与职责

西方人管理的精髓——建立"游戏规则"。企业一定要建立制度，制度比你会说话，要靠制度管人。最常见的一种制度——岗位责任制。当你确定了需要的员工人数后，要将每个员工从事的工作内容和职责写出来，以便员工确切知道企业需要他们做什么，同时为你评价员工的表现确立标准。

5.3　员工招聘

5.3.1　确定员工的任职条件

要招到合适的员工，首先你要了解你所需要的员工要具备哪些条件，然后依据这些条件去招人。

5.3.1.1　员工任职条件的内容

1. 员工自身的素质标准

（1）要有健康的身体。

（2）要有良好的职业道德素质。

（3）具有忠诚心、责任心、同情心、宽容心。

（4）要有良好的沟通、协调能力。

（5）要有团队合作意识和适应环境能力。

2. 员工的技能标准

要有较强的专业技能（一专多能），也就是要具备能够胜任工作的能力。

5.3.1.2　员工素质要求

在招聘中应注意员工的基本素质要求：有服务精神，工作态度良好及渴望工作，身体健康、无传染病和生理缺陷，有团队精神，能服从管理，有本行业从业经验，并具有学习能力者更好。

在招工时，多招熟练工人，这样除了可以快速进入工作状态令公司迅速走上正轨之外，还能顺带培训其他的新手。

5.3.2　人员招聘渠道

目前企业对外招聘方式主要有以下两种。

（1）店面张贴招聘海报。

（2）在媒体上发布招聘信息。

5.3.3　人员招聘实施

5.3.3.1　写招工启事

招工启事一定要说明用工政策，其中包括工资待遇、食宿、休假等日常问题。这里，将给出一个电商公司的招工模板供大家参考。

招工启事

急招：商务文员多名（男女不限）

待遇工资：底薪5000元，加提成，奖励

　　　　　　包住，包中餐

住宿：集体宿舍（电视空调房）

工作时间：每天8小时，每周5天，享受法定的节假日

试工期间：3天

工作地点：

联系电话：

5.3.3.2　人员面试

应聘者通常需填写"面试人员登记表"。当你面试员工时，不仅要看他们的技能，还要看他们的态度，你可以采取下列方法提问应聘人员。

（1）你原来在哪里工作，具体做什么工作？

（2）你为什么想来本企业工作？

（3）你希望得到什么职位？

（4）你认为你有哪些长处和弱点？

（5）你怎么支配业余时间？有什么兴趣爱好？

（6）你喜欢和别人在一起工作吗？当有人对你态度不好时，你会怎么反应？

5.3.3.3　录用报到

如有录用意向，应电话通知应聘者，确定报到日期。通知的内容应包括：录用职位、工资标准和报到时应带身份证明及当地法规要求的其他证明。

5.3.3.4　签订合同

新员工报到后，应及时为员工办理入职登记和签订劳动合同。

5.3.3.5　新员工的试用期

新员工有1～3个月的试用期。通常管理人员和接待员试用期3个月，普工试用期一个月，技术岗位员工试用期可视人员技能情况决定。

5.3.4　员工配对组合

配对组合也就是说员工生手和熟手搭配。比如说你招收了10个人，其中生手和熟手员工各有5人，那么就应该安排一个熟手带一个生手，不用一个星期，生手就能很快地上手并独立工作了。你可以通过观察生手的独立操作水平，就可以看得出什么人是真正用功去学习了，什么人是混日子的。如果发现有偷懒者，第一时间就应该给出警告，如果想留下干活的，就必须用功去学、主动去干，否则就得离开。

5.4 员工培训

5.4.1 员工培训的内容

5.4.1.1 应知应会的知识

主要是员工要了解企业的发展战略、企业愿景、规章制度、企业文化、市场前景及竞争；员工的岗位职责及本职工作基础知识和技能；如何节约成本，控制支出，提高效益；如何处理工作中发生的一切问题，特别是安全问题和品质事故等。

5.4.1.2 专业技能培训

技能是指为满足工作需要必备的能力，而技巧是要通过不断的练习才能得到的，熟能生巧，像打字，越练越有技巧。企业高层干部必须具备的技能是战略目标的制定与实施、领导力方面的训练；企业中层干部的管理技能是目标管理、时间管理、有效沟通、计划实施、团队合作、品质管理、营销管理等，也就是执行力的训练；基层员工是按计划、按流程、按标准等操作实施，完成任务必备能力的训练。

5.4.1.3 服务教育

所谓的服务教育是以掌握顾客内心活动作为教育的中心，但在实施中若总是重复同样的内容，对员工就不会有任何意义。

因此，如果能将技术培训和服务教育同时进行，即在待客服务中有技术，在技术中展现服务，才能提高实际的效果。教育培训并不是以教育为目的，归根结底是为了开发员工的潜力，提高他们的服务水准，从而获得顾客的好评。

5.4.1.4 态度培训

态度决定一切！没有良好的态度，即使能力好也没有用。员工的态度决定其敬业精神、团队合作、人际关系和个人职业生涯发展，能不能建立正确的人生观和价值观，塑造职业化精神。

5.4.2 员工培训的方法

对毫无经验的工作人员则在教育场所实施教育，进行角色扮演、实地教学、示范、当面指导等。而对有经验的人员则是从工作的实际业务中学习，即在工作中培养实践经验。前者须依照规定的课程表实施，还必须聘请外界的顾问、讲师等来指导。当这种训练结束后，还必须实施后一种培训。

5.4.2.1　讲授法

讲授法是应用最广泛的培训方法，其普及的主要原因在于经济而非效果。此法为单向沟通，受训人获得讨论的机会甚少，因此不易对讲师反馈，而讲师也无法顾及受训人的个别差异。总之，此法最适用于提供明确资料，并作为以后培训的基础。

5.4.2.2　个别会议法

个别会议法即双向沟通法，可使受训人有表示意见及交流思想、学说、经验的机会，且令讲师容易鉴别受训人对于重要教材的了解程度，有时可针对某一专题讨论，也有一组专家领导讨论的。由个别工作人员参加讨论的会议，其针对性强，可找出不同个体的不足，以便加以改正。

5.4.2.3　小组讨论法

小组讨论法即由讲师或指定小组组长领导讨论，资料或实例由讲师提供。小组人数以少为宜，但可允许一部分人员旁听。此法适用于工作人员之间的经验交流，可提高营销效率。

5.4.2.4　实例研究法

实例研究法是指选择有关实例，并用书画说明各种情况或问题，使受训人就其工作经验及所学原理，研究解决之道，目的在鼓励受训思考，并不在如何获得适当的解决方案。

5.4.2.5　示范法

示范法是指运用幻灯片、影片或录像带开展的示范培训活动，此法只限中小型场地及人数较少，如果主题是经过选择的，且由具有经验及权威的机构来制作，则在提高受训者记忆效果方面是最强的。

5.4.3　员工培训计划

你需要分析员工的技能状况、服务状况，有目的、有计划地实施培训，因而要制订培训计划。如果是加盟店的话，还要上报连锁加盟公司的主管总经理和培训部审批。

5.4.4 员工培训的控制

为确保员工能积极地参加培训并产生培训效果，管理者可从以下几个方面进行控制。

（1）制定员工培训记录表。针对每个员工的状况进行分析，找出其弱项，有针对性地提供培训。

（2）对员工培训进行考核，并将考核结果纳入绩效奖金的范围。

（3）员工受训后要对员工进行现场的跟踪指导，有进步的及时表扬，做得不对的及时纠正。

（4）保存员工的培训记录。

（5）利用阴雨天或者业务不繁忙的时候开展培训。

这里，提供一个某汽车美容店的员工培训记录表模板供大家参考。

员工培训记录表

受训员工姓名：　　　　　　　　　入职时间：　　　　　　　　职位：

过去在这四个方面工作表现：

1. 操作技术：

2. 服务态度：

3. 服务行为：

4. 推销技术：

培训与考核安排：

培训类别	培训项目	培训时间	指导人员签名	考核人签名
操作技术培训	洗车			
	洗车内			
	吸尘			
	去柏油			
	手工打蜡			
	……			
服务态度培训	精神状态			
	主动性			
	思想状态			
	……			
服务行为培训	微笑接待			
	现场速度			
	几位顾客在场的处理			
	礼貌用语			

续表

培训类别	培训项目	培训时间	指导人员签名	考核人签名
服务行为培训	形象仪态			
	……			
推销技术培训	替代项目选择			
	替代项目表达			
	现场动作分解			
	价格的解释			
	竞争对手解释			
	本店优势表达			
	本店劣势回答			
	刁难顾客的处理			
	说服不了的顾客的处理			
	顾客异议的处理			
	……			

员工受训后要对员工的受训效果进行评价，并将评价结果填入"培训实施情况记录表"（见下表）。

培训实施情况记录表

培训名称			培训时间		
培训地点			培训教师		
培训主要内容					
考核方式					
序号	姓名	部门	职务	考核结果	备注
培训有效性评价： 评价人/日期：					

注：有效性评价可在培训一段时间后进行。

5.5　员工的规范化管理

5.5.1　制度化管理

家有家规，公司也要有公司的规定。制度定出来之前要考虑到实际的情况，定出来之后，要遵守，包括老板在内的人都要遵守，否则出现问题以后，就很难处理了。

5.5.1.1　员工手册

《员工手册》是企业规章制度、企业文化与企业战略的浓缩，是企业内的"法律法规"。是员工了解企业形象、认同企业文化的渠道，也是自己工作规范、行为规范的指南。员工手册通常由以下几部分组成。

（1）手册前言。对这份员工手册的目的和效力给予说明。

（2）公司简介。使每一位员工都对公司的过去、现状和文化有深入的了解。可以介绍公司的历史、宗旨、客户名单等。

（3）手册总则。手册总则一般包括礼仪守则、公共财产、办公室安全、员工档案管理、员工关系、客户关系、供应商关系等条款。这有助于保证员工按照公司认同的方式行事，从而达成员工和公司之间的彼此认同。

（4）培训开发。一般新员工上岗前均须参加公司统一组织的入职培训，以及公司不定期举行的各种培训，提高业务素质以及专业技能。

（5）任职聘用。说明任职开始、试用期、员工评估、调任以及离职等相关事项。

（6）考核晋升。考核晋升一般分为试用转正考核、晋升考核、定期考核等。考核评估内容一般包括：指标完成情况、工作态度、工作能力、工作绩效、合作精神、服务意识、专业技能等。考核结果为：优秀、良好、合格、延长及辞退。

（7）员工薪酬。薪酬是员工最关心的问题之一。应对公司的薪酬结构、薪酬基准、薪资发放和业绩评估方法等给予详细的说明。

（8）员工福利。阐述公司的福利政策和为员工提供的福利项目。

（9）工作时间。使员工了解公司关于工作时间的规定，往往和费用相关。基本内容是：办公时间、出差政策、各种假期的详细规定以及相关的费用政策等。

（10）行政管理。行政管理多为约束性条款。比如，对办公用品和设备的管理、各人对自己工作区域的管理、奖惩、员工智力成果的版权声明等。

（11）安全守则。安全守则一般分为安全规则、火情处理、意外紧急事故处理等。

（12）手册附件。与以上各条款相关的或需要员工了解的其他文件。如财务制度、社会保险制度等。

5.5.1.2 其他制度

其他制度包括员工行为规范、考勤制度、请假方式、体检制度、仪容仪表制度、奖惩制度等。

5.5.2 人员礼仪规范

应保证每名上岗员工具有良好的个人仪容仪表形象，其基本要求如下。

5.5.2.1 工作态度

（1）做到顾客至上，热情礼貌。对顾客要面带笑容，使用敬语，"请"字当头，"谢"字随后，给顾客以亲切和轻松愉快的感觉。

（2）努力赢得顾客的满意及公司的声誉，提供高效率的服务，关注工作上的技术细节，急顾客所急，为顾客排忧解难。

（3）给顾客以效率快和良好服务的印象，无论是常规的服务还是正常的管理工作，都应尽职尽责。一切务求得到及时圆满的效果。

（4）员工之间应互相配合、真诚协作，不得提供假情况，不得文过饰非，阳奉阴违。

5.5.2.2 着装

对于服务性行业而言，所有员工在工作场所的服装应统一、清洁、方便，具体要求如下。

（1）员工必须身着统一的制服，服装须保持整洁，不追求修饰。

（2）衬衫无论是什么颜色，其领子与袖口不得有污秽。

（3）鞋子要保持清洁，如有破损应及时修补，不得穿带钉子的鞋。

（4）女性职员要保持服装淡雅得体，不得过分华丽。

5.5.2.3 仪表

（1）头发整齐，保持清洁，男性职员头发不宜太长。

（2）面部洁净、健康，不留胡须，口腔清洁。

（3）随时保持手部清洁，不留长指甲，指甲缝无污垢，女性职员涂指甲油要尽量用淡色。

（4）上班前不能喝酒或吃有异味食品，工作时不许抽烟。

（5）女性职员应化淡妆，给人清洁健康的印象，不能浓妆艳抹，不宜用香味浓烈的香水。

5.5.3　建立员工合同和档案管理系统

对于中小企业来说，员工的规范化管理还有一项重要工作要做，那就是建立员工档案和劳动合同管理系统。这包括三个时间段的文件管理：员工的入职阶段、正式使用阶段和离职阶段。也即涵盖了员工与企业发生关系的整个生命周期。听起来这是个很复杂的工作，其实这项工作并没有你想象的那样复杂，因为这套规范化的工作对每家企业几乎都是一样的，已经积累下了许多可以参考的流程和方法。

入职阶段是规范化管理的第一个时间段，规范的管理要求企业的人力资源部门或行政部门必须按时完成以下文件的入档（或录入公司的数据库）：员工参加面试的记录、入职前的心理学和技能测试、录用通知书副本、雇佣合同、员工的个人信息（入职岗位、时间、直系亲属、家庭地址和联系方式、毕业和学位证明、被罚、被刑拘或其他犯罪记录等）、入职时公司给予的电脑、电邮账号等企业资产登记、入职培训内容记录等。值得一提的是，这些看似烦琐的不重要的信息，日后在发生劳资纠纷、解聘等事件时，会变得十分重要。比如，企业通常要求员工入职时填写个人信息，该信息的准确性如果受到质疑甚至被证明是虚假信息，企业具有立即解除雇佣关系的权力，严重的，企业可以追究相应的法律责任。在此阶段，多数企业对新员工有"试用期"，按所签劳动合同不同试用期一般也不同。按照现行劳动法，试用期是劳资双方最灵活最方便的阶段，任何一方都可以在试用期内解除劳动关系，因此，许多企业都很重视在此期间对员工的观察或考核，尽量把可能出现的问题在试用期内解决。

从员工正式转正开始，是规范化管理的第二个时间段，即"员工使用"阶段。该阶段比较重要的文件管理包含了每年阶段性的绩效评估、360度评估结果、参加公司组织的培训表现记录、参加公司外教育和技能提升学习项目记录、客户反馈意见、加班或缺勤记录、费用开支记录、项目奖金、年度奖金、年度工资调整记录等。这个阶段的规范化管理是个持续的过程，通常会涉及多个部门的合作才能完成，比如差旅报销数据、手机费用、上网费用等没有财务部门的配合是无法获得数据的。

第三个时间段则是员工离职的前后，这包括离职的审核、离职前的财务结算和公司财产移交确认、离职面谈记录。

5.5.4　建立基于IT系统的考勤和请假审批流程

员工的规范化管理还体现在依靠系统来统一大家对制度的执行。许多中小企业的管理者因为忙于业务，时常连员工的考勤记录、请假记录都难以做到全面和系统地追踪。你可能遇到过这样的情景，明明规定申请事假需要提前一周，但会有员工临时提出申请；制度明确规定三天以上的请假需要副总一级批准，但时常部门经理一忙忘了这个要求就批复了。对事假、病假、年假、节日假的批复，最规范的管理方式是依靠IT系统的自动审批流程，因为系统无法做任何违规操作，除非人为地去修改系统的程序设定。换言之，这时系统起到了人力所无法做到的对制度的严格维系的作用。比如一个请假流程，申请人必须在请假单上填写请假天数，并从设定好的8种请假类别中选择一种，以便于人力资源部门进行月度、季度或年度统计汇总。必须在请假时间的下面填写请假事由，以方便审批人进行查看和审批。申请人不能自己去胡乱填写，更不能随便地写在一张纸上就去找领导审批。流程是事务的处理过程，它定义了企业要以什么样的规范去处理这件事情，避免造成顺序上的错误，以及没人管、多人管、推诿、拖延等各种问题的发生。表单是事务的记录载体，它定义了企业要以什么样的规范去描述这件事情，全体人员使用统一的标准，使事情更容易被记录、理解和分析。

考勤记录也是如此，系统可以发挥有效的监督作用。当然，这并不是倡导对员工的无人性管理，相反，只有可观准确的数据记录和系统记录，才能保障有效地运用人性化的管理手段，才能有的放矢地去鼓励和关爱那些应当得到这些正面激励的员工。

5.6　员工激励管理

在现代企业中，人才是企业发展最重要的驱动因素。企业能否成功地留住人才，充分发挥人才应有的作用，是企业精益化管理工作的一个重要组成部分。因此，建立和实施激励制度，激发、调动组织成员的工作积极性，使员工的边际努力最大化，将成为企业持续发展和在竞争中获胜的关键。

5.6.1　激励的制度化

现代企业管理中，激励与制度起着举足轻重的作用。没有制度约束的激励是无秩序的激励；没有激励配合的制度是没有活力的制度，二者缺一不可。企业在完善人力资源制度的过程中，首先应完善激励制度，这对提高企业竞争力非常重要。

5.6.1.1　员工激励理论基础

激励理论运用得好坏在一定程度上是决定一个企业兴衰的重要因素。如何运用好激励理论也就成为现代企业人力资源精益化管理中面临的一个十分重要的问题。目前，现代企业激励制度中用到的激励理论一般有以下几种，如图5-8所示。

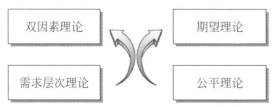

图5-8　员工激励理论

（1）双因素理论。企业激励管理中，员工对工作的积极性一般和工作本身的内容有关。双因素理论将影响工作积极性的因素分为以下两类，如图5-9所示。

图5-9　双因素理论因素分类

激励因素的满足虽能导致员工对工作满意，但缺乏激励因素也不会让员工产生不满意；缺乏保健因素虽会导致员工对工作不满意，但保健因素的满足却不会增加员工对工作的满意。

（2）需求层次理论。目前，企业人力资源管理中经常会提到需求层次理论，这是由美国心理学家马斯洛提出的。"需求"是人类行为积极的动因和源泉。需求引起动机，动机驱动行为。"需求"从低到高可分为五个层次：生理需求、安全需求、社会需求、尊重需求和自我实现需求。人在某一时期会有多种需求，但总有一个占主导地位的优势需求是激励力量最强的，如图5-10所示。

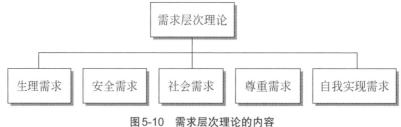

图5-10　需求层次理论的内容

（3）期望理论。每个员工对于自己的工作都会有某种期望，这是美国心理学家弗鲁姆首先提出的。他认为，人的工作动机由三种因素决定，如图5-11所示。

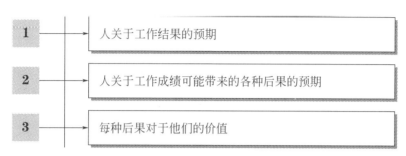

1	人关于工作结果的预期
2	人关于工作成绩可能带来的各种后果的预期
3	每种后果对于他们的价值

图5-11　期望理论的三种因素

动机激励水平的高低取决于人们认为在多大程度上可以达到预期的结果，以及人们判断自己的努力对于个人需要的满足是否有意义。

（4）公平理论。公平理论是由美国心理学家亚当斯提出的，主要内容是探讨个人的投入与他取得的报酬之间的平衡。亚当斯认为，员工最关心奖励措施的公平和公正，希望自己的付出能够得到应有的回报。如果他认为自己的报偿与代价比等同于他人的报偿与代价比，那么他就会产生公平感，原来的工作热情和行为水平就能得到维持。

5.6.1.2　激励制度的建立

企业人力资源管理人员在掌握以上激励理论的基础上，可以根据本企业的特点，建立起符合企业发展的激励制度。激励制度是通过一套理性化的制度来反映激励主体与激励客体相互作用的方式。具体来说，激励制度一般可以分为以下几个类型。

（1）物质激励制度。物质激励制度是用于调动员工积极性的各种奖酬机制，通过改变一定的奖酬与一定的绩效之间的关联性以及奖酬本身的价值来实现。实施工资制度改革，将工资收入与员工综合能力、岗位责任、业务总量、工作质量、贡献大小以及各企业的整体经营情况挂钩，打破分配上的平均主义，拉开员工之间的收入差距。

现代企业管理中的员工激励问题与制度，对工作表现突出、受到表彰奖励的先进个人给予物质重奖以及其他相关方面的奖励。把员工个人利益与集体利益关联起来，调动员工积极性。

（2）精神激励制度。灌输企业的精神，激发员工的职业荣誉感、责任感和进取心，让每一个员工以"我是一名企业员工"为荣。大力宣传先进集体和个人的典型事迹，以此推动广大员工"学先进，赶先进"，举办企业文化活动，让广大员工感受企业精神的温暖，增强企业凝聚力，使员工安心工作，乐于奉献。

（3）目标激励制度。企业要从长远发展着眼，从应对当前激烈竞争的市场、面临的挑战入手，科学规划发展目标。把工作目标告诉每一名员工，引导员工为实现目标共同努力。把目标管理的压力转变成为广大员工的工作动力，让他们看到企业的前景和希望。

（4）表率激励制度。制定出一个统一的管理人员行为规范，加强对管理人员的日常工作、生活等行为的要求，进行经常性的监督、评议，使管理人员真正成为本企业和周围人之中的表率。通过管理人员身先士卒、廉洁奉公的模范行为，激励员工为集体多作贡献。

（5）民主激励制度。要坚持发扬民主管理的好传统，通过员工代表大会倾心听取广大员工的意见和要求，通过工会、职代会等反映广大员工的心愿。坚持民主集中制原则，最大可能地听取员工的意见。通过这些做法，企业管理者能够与员工融洽相处，增进相互之间的感情交流，有效地激励员工与企业同心同德。

5.6.2　激励的方式

任何一种员工激励机制都是一种比较单一的激励制度，在实际运用的过程中会有难以避免的缺点，因而达不到对员工最佳的激励效果。因此，企业需要采用多种激励方式，从物质层面和精神层面两个方面着手，全方位、系统地对员工进行有效的激励，使他们在实现组织目标的同时实现自身的需要。一般有以下几种激励方式可供企业选择使用。

5.6.2.1　为员工设定工作目标

为员工设定工作目标时，企业需要了解以下基本内容。

（1）为员工设定工作目标能有效地激发他们的行为动机。

（2）目标设定是相当有效的管理技术。设定更具体、有挑战性、可实现的目标在某些条件下更能激励员工行为。

当个体处于一个群体之中或群体成员之间的相互协作对群体的成绩至关重要时，个体的目标就可能无效，因为追求个体目标会产生竞争而降低合作。所以如何合作是成功的关键，工作目标要根据群体的需要来设定。

（3）如果企业工作目标是多元的，就不能设置单一的效率目标。效率目标旨在提高工作效率，却会导致员工忽视其他方面，如捕捉新的业务机会或提出创见。

5.6.2.2　实行工作轮换制度

工作轮换是指在不同的时间阶段，员工会在不同的岗位上工作。工作轮换的特点如下。

（1）能使员工更容易对工作保持兴趣。

（2）为员工提供一个个人行为适应总体工作流程的前景。

（3）使员工个人增加了对自己的最终成果的认识。

（4）使员工从原先只能做一项工作的专业人员转变为能做许多工作的多面手。

以下为某企业的工作岗位轮换制度，仅供参考。

公司工作岗位轮换制度

第一条 为完善人力资源管理体系，培养高素质复合的人才队伍，特制定本制度。

第二条 工作轮换的范围包括经营单位内部、公司部门间、各部门与经营单位之间、经营单位之间的轮换。

第三条 各子公司或部门安排员工进行工作轮换时，必须遵循以下原则。

（1）符合公司的发展战略，符合公司的人力资源发展规划。

（2）有利于提高员工的综合能力，做到量才适用。

（3）管理层的轮换建立在年终考核结果的基础上，遵循有利于提高其综合素质的原则，着重培养经理人员的综合管理能力。

第四条 各部门应结合本部门的人力资源发展规划，每年按以下比例安排员工进行轮换。

（1）按3%～5%的比例对现有专业人员进行轮换。

（2）按10%～15%的比例对中高层管理人员进行工作轮换。

第五条 符合以下条件的两类员工应参加工作轮换。

第一类，在外协、采购、广告、财务、营销、人力资源、劳资、资金结算等重要岗位工作满三年的员工。

第二类，大学本科以上，有一定的专业技术知识和管理经验，有较强的事业心和上进心，有较大发展潜力的员工。

第六条 每年12月初，进行下年度的工作轮换安排。专业人员的轮换由个人提出申请，并填写"工作轮换自我申请表"。集团总部由人力资源部负责审核，总监审批；经营部门由各人力资源部门负责审核，总经理审批，报人力资源部备案。

第七条 每年12月初，人力资源部与各部门拟定参加轮换的工作人员名单。其中，各经营部门将工作轮换名单报人力资源部审核。

第八条 进行工作轮换的员工由所在单位的人力资源管理部门建立"员工工作轮换登记卡"，记录员工的基本情况、优缺点，轮换期间工作、培训情况，并由专人负责保管。

　　第九条　工作轮换的具体操作按内部调动形式进行，审批手续按内部调动程序执行。

　　第十条　每年由各单位人力资源管理部门针对本单位轮换员工情况，做好轮换计划，报人力资源部备案。

　　第十一条　对安排轮换的员工，根据其培养方向及集团的发展需要，由人力资源管理部门安排其相关工作。向管理方面发展的员工以安排行政管理、企划、品牌管理、营销管理、科技管理、生产管理等工作为主；向技术方向发展的员工可以统一安排产品开发、品质管理、设备管理、工艺等工作为主。条件成熟时可安排到市场营销队伍中进行训练。

　　第十二条　公司可根据实际情况，安排有关员工进行跨部门、跨单位的工作轮换。

　　第十三条　各单位、各部门必须密切配合轮换工作，指定专人对轮换人员进行工作指导及考核。在符合轮换原则的基础上，不得以任何理由推托、拒收。

　　第十四条　参加工作轮换的员工必须遵守新单位的工作纪律，服从新单位主管的管理，接受考核，新单位主管将考核结果记录在"员工工作轮换登记卡"，作为奖惩、培训、晋升、轮换的依据。

　　第十五条　对工作轮换的人员每半年进行一次考核，主要考核其工作态度、工作能力、发展潜力、工作绩效。考核结果分为A、B、C、D四种。其直接主管对考核结果负责，考核结果报人力资源管理部门备案。

　　第十六条　每次考核结束后，人力资源管理部门会同其所在单位与轮换员工进行面谈，评价其优势与不足之处，商讨改进方案并提出培训建议。

　　第十七条　对连续两次考核结果为C或D者，可根据所在单位意见，安排其调岗、培训或降职。

　　第十八条　公司各单位及开发中心应积极对轮换对象进行有针对性的培训，提高员工的综合素质，以适应新工作的要求，培训结果记录在"员工工作轮换登记卡"上。

　　第十九条　由人力资源委员会、人力资源部和各单位人力资源管理部门共同组成工作轮换管理体系，负责轮换工作的运作与管理。

　　第二十条　人力资源部在部门总监的领导下，负责公司总部员工轮换工作的安排、管理、培训和考核；负责对各单位轮换工作的指导与监督；负责对跨单位轮换的审批等。

　　第二十一条　在总经理的领导下，各单位人力资源管理部门负责本单位轮换员工工作的安排、管理、培训和考核等。

第二十二条　每年11月底，人力资源部及各单位人力资源管理部门向人力资源委员会提交上年度轮换工作总结，接受人力资源委员会的考评，考评结果列入年度考核中。

5.6.2.3　进行工作扩大化安排

工作扩大化是指工作的范围扩大，旨在向员工提供更多的工作，即让员工完成更大的工作量。当员工对某项工作更加熟练时，提高工作量会让员工感到更加充实。

（1）工作扩大化设计的要求。工作扩大化使得员工有更多的工作可做。即通过增加某一职务的工作范围，使员工的工作内容增加，要求员工掌握更多的知识和技能，从而提高员工的工作兴趣。研究表明，职务扩大增加了员工的工作满意度，提高了其工作质量。通常，这种新工作同员工原先所做的工作非常相似。

（2）工作扩大化的途径。将工作扩大化的途径主要有两个，分别是"纵向工作装载"和"横向工作装载"。所谓"装载"，是指将某种任务和要求纳入工作职位的结构中，具体如图5-12所示。

纵向工作装载	纵向工作装载是指增加需要更多责任、权利和自主权的任务或职责。这意味着某些职能要从管理人员身上转到一线员工身上
横向工作装载	横向工作装载是指增加属于同阶层责任的工作内容，以及增加目前包含在工作职位中的权利

图5-12　工作扩大化的途径

5.6.2.4　培育良好的学习环境

学习环境对员工的发展极为重要。如果企业的学习氛围和学习环境很差，将很难吸引人才的目光。因此，人力资源部经理要使所有员工长久地服务于企业，就必须不断地培育企业的学习环境。

（1）建立适当的个人愿景。个人愿景是指员工真正关心、希望做到的事情。与抽象的目标相比，愿景更为具体，是通过一些努力就可以达到的。有了清晰的愿景，员工才有努力的方向。

（2）保持创造性张力。培养员工保持创造性张力是员工自我超越的一个核心内容，可以让员工认清失败不过是因为愿景与现实之间有差距，而这种差距正是他们可以自我超越的空间。

（3）有效运用潜意识。潜意识往往比有意识的理性思考更加准确，创造力也更强。能够自我超越的员工，对这种潜意识的把握能力会更强。而培养这种潜意识，需要有意识地去专注于某些特别重要的事情，通过不断地加深印象，强化自己潜意识的反应能力。

（4）组织学习团队。学习型团队的构建是建设学习型企业的基本过程和基本方式。团队经过成员之间不断地磨合、交流、接受、改变之后，能够形成一套大家都可以认同、有约束力的规范，不管这种规范是成文的，还是潜藏于每个成员心中的，都能规范和约束成员的各种行为，成员也开始产生对企业的认同感，并开始形成群体特有的文化。此时的团队如果再进一步发展，成员们就开始注重相互之间的讨论和学习，互相协助，以完成共同的目标和任务，这种学习和协助能够大大提高团队的工作业绩。

5.6.2.5　评选优秀员工

企业可分季度评选优秀员工，具体评选方法可根据员工的工作绩效、工作态度、出勤情况等来进行。挑选出2～3名表现优秀的员工，为其发放奖状并给予一定的物质奖励。但要注意评选的公平性，否则会起反效果。

5.6.3　激励机制的建立

激励机制是指组织系统中，激励主体通过激励因素或激励手段与激励客体之间相互作用的关系的总和。激励机制的建立与完善就是要构建激励的领导体制和机构设置，制定合理的薪酬制度、用工制度，处理好股东大会、董事会、监事会、经理层、党委会、职代会与工会之间的关系，使之形成合力。

5.6.3.1　激励机制的步骤

现代企业建立和实施激励机制的步骤如图5-13所示。

图5-13　激励机制实施的步骤

（1）建立系统、公正的评价体系。系统、公正的评价体系是有效激励的保证。任何一家好的企业，其员工之所以能尽职尽责，主要是因为企业能对员工及时、公正地进行评价，同时，又有此评价的依据，并且能对员工作出恰当的奖励或惩处。

（2）创建适合企业特点的企业文化。可以说管理在一定程度上就是用一定的文化塑造人，企业文化是人力资源管理中的一个重要机制，只有当企业文化能够真正融入每个员工个人的价值观时，他们才能把企业的目标当成自己的奋斗目标。因此，用员工认可的文化来管理，可以为企业的长远发展提供动力。

（3）建立多渠道、多层次的激励机制。企业在制定激励机制时，要从不同的角度，根据企业发展的特点和需要，多渠道、多层次地建立和实施，这样才能使员工能真正安心在最适合他的岗位上工作。

（4）充分考虑员工的个体差异，实行差别激励。员工的激励体系是多维立体的，各种激励因素相互作用、有机渗透。由于每个人的个性以及所受外部环境的影响各不相同，对社会需求的侧重点也不相同，因此各种激励因素对不同时期、不同情况、不同对象所起的激励作用不尽相同。所以，企业要根据员工的不同类型和特点制定激励制度，在制定激励机制时一定要充分考虑到个体差异。

5.6.3.2　建立激励机制的要点

激励机制运行的过程就是激励主体与激励客体之间互动的过程。激励机制的运行是从员工进入工作状态之前开始的，贯穿于实现组织目标的全过程。因此，企业建立激励机制时要注意以下几个要点。

（1）分配工作要适合员工的工作能力和工作量。

（2）要论功行赏，员工的收入必须根据他的工作表现来确定。

（3）要从公司内部选拔有资格担任领导工作的人才。

（4）要不断改善工作环境和提高安全条件。

（5）要实行合作态度的领导方法。

第6章

加强财务管理

 引言 ▶▶▶

　　财务管理是公司管理的一个重要分支，财务管理为公司的资金流动方式、资金流动趋向以及资金运用效果预测等提供了全面、系统的解决方案。因此，作为公司的经营管理者，你有必要在财务管理方面投入较多精力，以使公司各方面项目的实施都处于稳定发展状态。

6.1　企业经营管理者会计责任

《中华人民共和国会计法》（以下简称《会计法》）规定，一旦企业的财务工作出现了问题，首先应该追究企业法定代表人或是经理人的责任，作为一个企业老板，不能以不懂会计法规、不懂会计业务为由推脱责任。因此，你要积极地了解会计法、会计准则和会计制度，知道要承担的会计法律责任，以防止在经营过程中的会计风险。

6.1.1　《会计法》中的规定

《会计法》第四条规定，单位负责人对本单位的会计工作和会计资料的真实性、完整性负责。

《会计法》第二十八条的规定，单位负责人应当保证会计机构、会计人员依法履行职责，不得授意、指使、强令会计机构、会计人员违法办理会计事项。会计机构、会计人员对违反本法和国家统一的会计制度规定的会计事项，有权拒绝办理或者按照职权予以纠正。

《会计法》第四十二条的规定，违反本法规定，有下列行为之一的，由县级以上人民政府财政部门责令限期改正，可以对单位并处三千元以上五万元以下的罚款；对其直接负责的主管人员和其他直接责任人员，可以处二千元以上二万元以下的罚款；属于国家工作人员的，还应当由其所在单位或者有关单位依法给予行政处分。

（1）不依法设置会计账簿的。

（2）私设会计账簿的。

（3）未按照规定填制、取得原始凭证或者填制、取得的原始凭证不符合规定的。

（4）以未经审核的会计凭证为依据登记会计账簿或者登记会计账簿不符合规定的。

（5）随意变更会计处理方法的。

（6）向不同的会计资料使用者提供的财务会计报告编制依据不一致的。

（7）未按照规定使用会计记录文字或者记账本位币的。

（8）未按照规定保管会计资料，致使会计资料毁损、灭失的。

（9）未按照规定建立并实施单位内部会计监督制度或者拒绝依法实施的监督或者不如实提供有关会计资料及有关情况的。

（10）任用会计人员不符合本法规定的。

前款所列行为之一，构成犯罪的，依法追究刑事责任。

《会计法》第二十一条的规定，单位的财务会计报告编好后，应当由单位负责人签名并盖章。但是要特别注意，不管谁代签，法律责任还是由单位负责人承担，委托人要对代理人的行为负责。

6.1.2 《企业财务通则》的规定

《企业财务通则》第十三条规定，经营者财务管理职责主要包括以下方面。

（1）拟定企业内部财务管理制度、财务战略、财务规划，编制财务预算。

（2）组织实施企业筹资、投资、担保、捐赠、重组和利润分配等财务方案，诚实履行企业偿债义务，依法缴纳税费。

（3）执行国家有关职工劳动报酬和劳动保护规定，依法缴纳社会保险费、住房公积金等，保障职工合法权益。

（4）组织财务预测、财务分析，实施财务控制。

（5）编制并提供企业财务会计报告，如实反映财务信息和有关情况。

（6）配合有关机构依法进行审计、评估、财务监督等工作。

以上规定确立了企业经营者（负责人）的法定职责，明确了单位负责人是单位财务会计管理工作的第一责任人，并明确了违反法律法规的处罚。

6.2 如何避免违反会计法规的风险

6.2.1 提高法制观念，正确履行会计责任

作为老板，是企业负责人，也是本企业的法人代表，对本企业的会计工作负有不可推卸的责任。企业负责人应加强对以《会计法》为代表的财经法规的学习，了解《会计法》所提出的要求以及相应的法律责任，从思想上充分认识、高度重视《会计法》在规范会计行为、保证会计信息质量方面的重要意义。

在市场经济条件下，一些企业的老板为追逐政治或经济上的私利，指使会计部门和会计人员弄虚作假。《会计法》第二十八条规定，企业负责人应当保证会计机构、会计人员依法履行职责，不得授意、指使、强令会计机构、会计人员违法办理会计事项。所以，企业负责人应认真学习会计法，提高法制观念，摆正企业负责人在本企业会计工作中的位置，正确履行其会计责任。否则，很容易遭遇法律责任风险。

6.2.2　要特别重视《会计法》的学习

作为公司的老板，也是企业的负责人，必须要重视《会计法》的学习，因为《会计法》明确规定，单位负责人对单位会计工作和会计资料的真实性与完整性要承担法律责任。

企业负责人是会计行为的重要参与者，各种会计政策的贯彻执行，各种重大会计事项的决策等，都离不开企业负责人的参与。在我国，大部分负责人没有接受过系统的财会知识教育，这与西方一些发达国家形成鲜明的对比。

负责人首先应掌握会计基础知识和会计基本原则，包括会计的职能和作用、一般原则、会计处理程序和方法等。在此基础上进一步学习国家统一的会计制度，学会读懂和分析财务会计报告，包括资产负债表、利润表、现金流量表以及会计报表附注和财务情况说明书等。负责人只有熟悉掌握了财会知识，才能提高自己辨别、区分违法会计行为的能力，才能保证本企业的会计工作和会计资料的真实性、完整性，才能充分掌握企业经营管理的全面情况，控制会计行为，防范会计风险，从而保证财务会计报告的真实和完整。

6.2.3　向企业的员工宣传《会计法》

作为老板，你有必要注意向企业员工宣传《会计法》，因为《会计法》中有很多内容是涉及业务人员的。例如企业业务员去采购，而拿回来的发票金额是错的，开票人在金额上划了一条横线，在这种情况下就存在税务风险。

6.2.4　重视制度建设

老板是会计责任主体，要保证会计信息的真实、完整，除了自己遵守《会计法》，不授意、指使、强令会计人员违法办理会计事项外，还必须防止会计机构内部人员的作假舞弊行为。

6.2.4.1　会计人员的配置

你要关注会计人员的配置，重视会计人员的职业继续教育，本着"以人为本"的原则，选拔任用素质高、道德品行好的人才，提高会计工作质量和效率，从而减少单位负责人由于会计人员的败德行为带来的法律风险。

如果选拔人才时，过分地重视会计人员的服从性是不行的。因为如果会计工作有问题，而会计人员不提出来，或者不敢给单位提建议，那么单位负责人就很可能会因不熟悉财税制度而违反会计法规。

6.2.4.2　重视会计机构的建设

你还应重视会计机构的建设，通过建立健全行之有效的内部控制制度和内部制约机制，明确会计相关人员的职责权限、工作规程和纪律要求，坚持不相容职务相互分离，确保不同机构和岗位之间的权责分明，相互制约、相互监督。

6.2.5　充分发挥内部审计的监督职责

《会计法》强调内部会计监督的目的在于：要使违法违纪行为首先遏制在会计工作初始阶段，不能将不法行为放纵到发生并铸成事实后，再寄希望于社会中介机构去审计、财政等执法部门去查办以及社会和政府的监督上。从规避会计法律责任的角度来看，企业老板应高度重视会计的监督职能，正确认识会计监督的重要地位。从而保护企业资产的安全、完整，保护其经营活动符合国家法律法规和内部有关管理制度，提高经营管理水平与效率。

会计监督是现代经济管理的重要组成部分。会计工作与其他工作的根本区别就在于它的政策性和法制性，会计人员行使职权受法律保护。企业要建立健全本企业的会计监督制度，保证会计机构和会计人员依法履行职责，只有正视会计监督的法律地位，负责人才能严格自律，遵守会计法，杜绝授意、指使、强令会计人员干其随心所欲的事。目前，在一些企业老板为了追求自身短期利益最大化，指使、授权会计机构、会计人员做假账，伪造会计凭证，办理违法会计事项，从而使得会计工作受制于公司管理者，不能独立行使其监督职能，破坏了正常的会计工作。

6.3　建立良好的财务制度

一个新公司的成立需要建立各种有效的制度来管理自己的员工，并让公司有个好的开端，并且通过制度的约束也能够帮助公司快速地发展。

6.3.1　建立健全内部稽核制度和内部牵制制度

内部稽核制度是会计管理制度的重要组成部分，它主要包括：稽核工作的组织形式和具体分工；稽核工作的职责、权限；审核会计凭证和复核会计账簿、会计报表等方法。稽核工作的主要职责如下。

（1）审核财务、成本、费用等计划指标是否齐全，编制依据是否可靠，有关计算是否衔接等。

（2）审核实际发生的经济业务或财务收支是否符合有关法律、法规、规章制度的规定，若发生问题要及时加以改正。

（3）审核会计凭证、会计账簿、会计报表和其他会计资料的内容是否合法、真实、准确、完整，手续是否齐全，是否符合有关法律、法规、规章、制度规定的要求。

（4）审核各项财产物资的增减变动和结存情况，并与账面记录进行核对，确定账实是否相符，并查明账实不符的原因。

内部牵制制度规定了涉及企业款项和财物收付、结算及登记的任何一项工作，必须由两人或两人以上分工处理，以起到一种相互制约的作用。例如：出纳人员不得兼任稽核、会计档案保管和收入、支出、费用、债权债务账目的登记工作，即"管账不管钱，管钱不管账"。通过内部稽核制度和牵制制度的建立，既能够保证各种会计核算资料的真实、合法和完整，又能使各职能部门的经办人员之间形成一种相互牵制的机制。

6.3.2　建立健全内部审计制度，实施对会计的再监督

内部审计是实施再监督的一种有效的手段。其目的是为了健全中小企业的内部控制制度，严肃财经纪律，查错防弊，改善经营管理，保证中小企业持续健康的发展，提高经济效益。在建立内部审计制度时，要坚持内部审计机构与财务机构分别独立的原则，同时要保证内审人员独立于被审计部门，只有这样才能更好地实施会计的再监督作用。

6.3.3　建立财务审批权限和签字组合制度

中小企业建立财务审批权限和签字组合制度的目的在于加强企业各项支出的管理，体现财务管理的严格控制和规范运作。在审批程序中规定财务上的每一笔支出应按规定的顺序进行审批；在签字组合中规范了每一笔支出的单据应根据审批程序和审批权限完成必要的签名，同时还应规定出纳只执行完成签字组合的业务，对于没有完成签字组合的业务支出，出纳员应拒绝执行。小企业通过建立财务审批权限和签字组合制度，对控制不合理支出的发生及保证支出的合法性能起到积极的作用。

6.3.4　建立成本核算和财务会计的分析制度

成本核算制度的主要内容包括成本核算的对象、成本核算的方法和程序以及成本分析等。特别要提出的是成本分析是财务会计人员的一项重要职责，企业的经营者必须定期了解企业的资金状况和现金流量。企业财会人员也要定期向管理当局提供成本费用方面的各种报表，以利于经营者进行成本分析、成本控制和效益衡量。中小企业通过财务会计分析制度的建立，确定财务会计分析的主要内容、财务会计分析的基本要求和组织程序、财务会计分析的方法和财务会计分析报告的编写要求等，使企业掌握各项财务计划和财务指标的完成情况，检查国家财经制度、法令的执行情况，有利于改善财务预测、财务计划工作，研究和掌握企业财务会计活动的规律性，不断改进财务会计工作。

6.3.5　规范会计基础工作，提高会计工作的水平

在市场经济条件下，中小企业的管理者应更好地认识到会计服务主体、核算范围，以及信息质量的新特点。会计工作要满足各类投资者、债权人及国家宏观管理部门的需要，由于会计工作不仅影响到企业与国家的分配关系，亦影响到社会各方面的利益关系，因而企业应将协调各方面的利益关系、抵制和防范各种市场风险作为其基点，使会计信息能够真实公允地反映企业资金的运转情况、经济效益的提高情况及企业的发展前景。因而，企业应从保证国民经济高效运行、促进社会主义市场经济健康发展的角度，使中小企业的管理者提高对会计核算和财务管理重要性的认识，从而充分意识到会计这一基础工作的重要意义。同时以财政部颁布的《会计基础工作规范》为依据，健全中小企业的会计基础工作，提高其会计工作水平。

6.4　建账与立账

公司成立后必须规范财务工作，那建账与立账的工作不可避免，虽说可以请个会计人员就可以做这些事，但是作为老板，对这些也需要加以了解。

会计账簿简称账簿，是由具有一定格式、相互联系的账页所组成，用来序时、分类地全面记录一个企业、单位经济业务事项的会计簿籍。

6.4.1　现金日记账

现金日记账（Cash Journal）是用来逐日反映库存现金的收入、付出及结余情况的特种日记账（见表6-1）。它是由单位出纳人员根据审核无误的现金收、付款凭证和从银行提现的银付凭证逐笔进行登记的。为了确保账簿的安全、完整，现金日记账必须采用订本式账簿。

表6-1　现金日记账

××年 月	日	凭证 字	号	摘要	对方科目	收入 千百十万千百十元角分	支出 千百十万千百十元角分	金额 千百十万千百十元角分
4	1			月初余额				4 0 0 0 0 0
	2	收	2	零售收现	主营业务收入	8 0 0 0 0		
		付	3	预支差旅费	其他应收款		4 0 0 0 0	
		付	4	付困难补助	应付福利费		6 0 0 0 0	
		付	11	购办公品	管理费用		1 3 6 0 0 0	
4	2			本日小计		8 0 0 0 0	2 3 6 0 0 0	2 4 4 0 0 0
				……	……			
				本月合计		2 2 6 8 0 0 0	1 2 0 8 0 0 0	1 4 6 0 0 0 0

（20××年度　　第1页）

一般企业只设一本现金日记账。但如有外币业务，则应就不同的币种分设现金日记账。

6.4.2　银行存款日记账

银行存款日记账是专门用来记录银行存款收支业务的一种特种日记账。

企业一般应根据每个银行账号单独设立一本账。如企业只设了基本账户，则设一本银行存款日记账。

银行存款日记账必须采用订本式账簿，其账页格式一般采用"收入（借方）""支出（贷方）"和"余额"三栏式（见表6-2）。

表6-2　银行存款日记账

年 月	日	凭证编号	结算方式 类	号码	摘要	借方 千百十万千百十元角分	贷方 千百十万千百十元角分	余额 千百十万千百十元角分

银行存款日记账通常也是由出纳员根据审核后的有关银行存款收、付款凭证，逐日逐笔顺序登记的。登记银行存款日记账的要求是：银行存款日记账由出纳人员专门负责登记，登记时必须做到反映经济业务的内容完整，登记账目及时，凭证齐全，账证相符，数字真实、准确，书写工整，摘要清楚明了，便于查

阅，不重记，不漏记，不错记，按期结算，不拖延积压，按规定方法更正错账，从而使账目既能明确经济责任，又清晰美观。

6.4.3　总分类账

总分类账简称总账，是根据总分类科目开设账户，用来登记全部经济业务，进行总分类核算，提供总括核算资料的分类账簿。总分类账所提供的核算资料，是编制会计报表的主要依据，任何单位都必须设置总分类账。

总分类账一般采用订本式账簿。总分类账的账页格式，一般采用"借方""贷方""余额"三栏式，根据实际需要，也可以在"借方""贷方"两栏内增设"对方科目"栏。

一般企业只设一本总分类账。外形使用订本账，根据单位业务量大小，企业可以选择购买100页的或200页的。这一本总分类账包含企业所设置的全部账户的总括信息。总分类账的格式有四类，见表6-3～表6-6。

表6-3　总分类账（一）

总第＿＿＿＿＿＿＿＿＿＿页
分第＿＿＿＿＿＿＿＿＿＿页
会计科目或编号＿＿＿＿＿＿

表6-4　总分类账（二）

账户名称：　　　　　　　　　第　页

年		凭证		摘要	借方金额	贷方金额	借或贷	余额
月	日	字	号					

表6-5　总分类账（三）

账户名称：　　　　　　　　　　　　　年　月　　　　　　　　　　第　页

年		凭证		摘　要	借方金额	贷方金额
月	日	字	号			

表6-6　总分类账（四）

　　　　　　　　　　　　　　　　　　年　月　　　　　　　　　　第　页

贷方＼借方	甲科目	乙科目	……	……	……	贷方余额
甲科目						
乙科目						
……						
……						
借方发生额						
贷方发生额						
月初余额　借方						
贷方						
月末余额　借方						
贷方						

6.4.4　明细分类账

明细分类账是按照明细科目开设的用来分类登记某一类经济业务，提供明细核算资料的分类账户。明细账的格式应根据各单位经营业务的特点和管理需要来确定，常用的格式主要有以下几种。

6.4.4.1　三栏式明细账

三栏式明细账适用于只需进行金额明细核算，而不需要进行数量核算的账户。例如，债权、债务等结算账户，其他只核算金额的账户也可采纳。一般格式有收付存三栏式（见表6-7）、借贷余三栏式。

表6-7 三栏式明细分类账

总第＿＿＿＿＿＿＿＿＿＿页

分第＿＿＿＿＿＿＿＿＿＿页

会计科目或编号＿＿＿＿＿＿

年		凭证		摘要	收入（借方）金额									√	付出（贷方）金额									√	借或贷	结存金额									√
月	日	字	号		千	百	十	万	千	百	十	元	角	分		千	百	十	万	千	百	十	元	角	分			千	百	十	万	千	百	十	元	角	分	

6.4.4.2 数量金额式明细账

数量金额式明细账在"收入""付出""结存"三大栏内分别设置"数量""单价""金额"三小栏，一般适用于既要进行金额核算又要进行实物数量核算的各项财产物资，如原材料、库存商品等，见表6-8。

表6-8 数量金额式明细分类账

总第＿＿＿＿＿＿＿＿＿＿页

分第＿＿＿＿＿＿＿＿＿＿页

会计科目或编号＿＿＿＿＿＿

年		凭证		摘要	收入（借方）											√	付出（贷方）											√	借或贷	结存											√
月	日	字	号		数量	单价	金			额							数量	单价	金			额								数量	单价	金			额						
							百	十	万	千	百	十	元	角	分				百	十	万	千	百	十	元	角	分					百	十	万	千	百	十	元	角	分	

6.4.4.3　多栏式明细账

多栏式明细账是根据管理需要，在一张账页内不仅按借、贷、余三部分设立金额栏，还要按明细科目在借方或贷方设立许多金额栏，以集中反映有关明细项目的核算资料，这种格式的明细账适用于"生产成本""制造费用""销售费用""管理费用""主营业务收入（分产品的）"等账户的明细核算，见表6-9。

表6-9　××明细账

第　　页

年		凭证		摘要	借方	贷方	借或贷	余额	（　）方分析
月	日	字	号						

此外，本年利润的形成和分配类的科目以及"应交税费——应交增值税"等科目，则需采用借贷双方均为多栏式的明细账（见表6-10）。

表6-10　应交税费——应交增值税明细账

年		凭证		摘要	借方			贷方				借或贷	余额
月	日	字	号		合计	进项税额	已交税金	合计	销项税额	出口退税	进项税额转出		

6.4.4.4　平行式明细账

平行式明细分类账也叫横线登记式明细账。平行式明细分类账页设"借方"和"贷方"两栏。其登记方法是采用横线登记，即将每一相关业务登记在一行，从而可依据每一行各个栏目的登记是否齐全来判断该项业务的进展情况。平行式明细账适用于"材料采购""其他应收款"等账户的明细分类核算；由会计人员逐笔进行登记。同一行内如果借方、贷方都有记录，表明该项经济业务已处理完毕，如果只有借方记录，没有贷方记录，则表示该项经济业务还未结束。"材料采购明细分类账"账页格式见表6-11。

表6-11　材料采购明细分类账

物资名称或类别：　　　　　　　　　　　　　　　　　　　　　　　　第　　页

年		凭证		摘要	借方金额			贷方金额	余额
月	日	字	号		买价	采购费用	合计		

6.4.4.5　卡片式账簿

卡片账是以发散的卡片组成，放在卡片箱中可以随取随放的一种账簿。采用这种账簿，灵活方便，可以使记录的内容详细具体，可以跨年度使用而无需更换账页，也便于分类汇总和根据管理的需要转移卡片。但这种账簿的账页容易散失和被抽换。因此，使用时，应在卡片上连续编号，以保证安全。卡片式账簿一般适应于账页需要随着物资使用或存放地点的转移而重新排列的明细账，如固定资产登记卡，具体见表6-12。

表6-12　固定资产登记卡

总账科目：　　　　　　　　　　　　　　　本卡编号：
明细科目：　　　　　　　　　　　　　　　财产编号：

中文名称		抵押权设定、解除及保险记录	抵押行库			
英文名称			设定日期			
规格型号			解除日期			
厂牌号码			险别			
购置日期			承保公司			
购置金额			保单号码			
存放地点			投保日期			
耐用年限			费率			
附属设备			保险费			
			备注			
移　动　情　形						
年	月	日	使用部门	用途	保管员	年	月	日	使用部门	用途	保管员

续表

	年	月	日	原因
维 修 情 况				填表注意事项： 　1. 本卡适用于机械设备、运输设备、机电性备件，新卡的填写由管理部门填制（如认为需要可增填一份送使用部门） 　2. 本卡的编号由保管卡部门自编 　3. 附属设备栏应填名称、规格及数量 　如因管理需要，须另行设计表格者，须把新设表格送总管理处总经理室备查

企业的明细分类账采用活页形式；存货类的明细账要用数量金额式的账页；收入、费用、成本类的明细账要用多栏式的账页；应交增值税的明细账单有账页；其他的基本全用三栏式账页。因此，企业需要分别购买这四种账页，数量的多少依然是根据单位业务量等情况而不同。业务简单且很少的企业可以把所有的明细账户设在一本明细账上；业务多的企业可根据需要分别就资产、权益、损益类分三本明细账；也可单独就存货、往来账项各设一本（注意：此处没有硬性规定，完全视企业的管理需要来设）。

6.5　要会看财务报表

三大财务报表是指"资产负债表""利润表""现金流量表"，这三张表代表了一个公司全部的财务信息。财务报表非常有用，因为财务报表就像一家公司的体检表或者一家公司的总体成绩单，当你看懂的时候就可以知道这家公司体制是否健康，再依据这样的资讯来进行投资决策。

6.5.1　看懂资产负债表

6.5.1.1　什么是资产负债表

资产负债表是反映企业某一特定日期财务状况的会计报表。编制资产负债表的目的是反映企业资产、负债、所有者权益金额及其构成情况，从而有助于使用者评价企业资产质量以及长、短期偿债能力，利润分配能力。

在资产负债表上企业有多少资产？是什么资产？有多少负债？是哪些负债？净资产是多少？其构成怎样？报表都反映得清清楚楚。在对财务报表的学习中，资产负债表是一个很好的开端，因为它体现了企业的财务结构和状况。资产负债表描述了它在发布那一时点企业的财务状况。

6.5.1.2　看懂资产负债表的目的

看懂资产负债表的目的，就在于了解企业会计对企业财务状况的反映程度、所提供会计信息的质量，据此对企业资产和权益的变动情况以及企业财务状况做出恰当的评价。

投资者可以通过分析资产负债表全面了解公司的健康状况：

是否"超重"——欠银行和供应商太多的钱。

是否"贫血"——账面上的现金和现金等价物是否过低。

"新陈代谢"是否正常——存货和应收账款周转是否过慢。

这些反映公司健康状况的指标都可以在资产负债表中找到答案。

6.5.1.3　资产负债表的结构

资产负债表是一张静态的会计报表，根据各要素在数量上存在依存关系，即："资产=负债+所有者权益"这一基本会计方程式，依照一定的分类标准和次序，把企业一定时日资产、负债和所有者权益各项目予以适当排列而成。其中资产和负债项目是按照资产和负债的流动性从大到小、从上到下依次排列。

资产负债表由表头、表身和表尾组成。其基本结构见表6-13。

表6-13　资产负债表

编制企业：　　　　　　　　　　××××年×月×日　　　　　　　　　　单位：元

资产	行次	年初数	年末数	负债和所有者权益	行次	年初数	年末数
流动资产：				流动负债：			
货币资金	1			短期借款	26		
交易性金融资产	2			应付票据	27		
应收票据	3			应付账款	28		
应收账款	4			预收账款	29		
预付账款	5			应付员工薪酬	30		
应收股利	6			应交税费	31		
应收利息	7			应付利息	32		
其他应收款	8			应付股利	33		
存货	9			其他应付款	34		
1年内到期的非流动资产	10			1年内到期的非流动负债	35		

续表

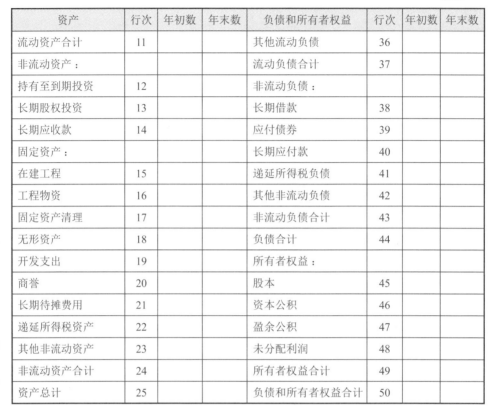

资产	行次	年初数	年末数	负债和所有者权益	行次	年初数	年末数
流动资产合计	11			其他流动负债	36		
非流动资产：				流动负债合计	37		
持有至到期投资	12			非流动负债：			
长期股权投资	13			长期借款	38		
长期应收款	14			应付债券	39		
固定资产：				长期应付款	40		
在建工程	15			递延所得税负债	41		
工程物资	16			其他非流动负债	42		
固定资产清理	17			非流动负债合计	43		
无形资产	18			负债合计	44		
开发支出	19			所有者权益：			
商誉	20			股本	45		
长期待摊费用	21			资本公积	46		
递延所得税资产	22			盈余公积	47		
其他非流动资产	23			未分配利润	48		
非流动资产合计	24			所有者权益合计	49		
资产总计	25			负债和所有者权益合计	50		

6.5.1.4 总额观察法

面对资产负债表，首先需要考虑的就是观察总额的变化。

不管资产负债表的项目有多少，其大项目只有三个：资产、负债、所有者权益，而这三个数字之间内在的数量关系就是资产＝负债＋所有者权益。资产是企业资源变化的一个结果，引起这种结果变化的根本原因主要有两方面：负债的变化；所有者权益的变化。既然资产等于负债加所有者权益，那么资产的增减变化量应该等于负债的增减变化量加所有者权益的增减变化量，即：

资产的增减变化量＝负债的增减变化量＋所有者权益的增减变化量

（1）资产增加。在具体考察资产、负债、所有者权益之间的依存关系时，当一个企业在某一特定时点的资产总额增加，伴随的原因可能是负债在增加，或者是所有者权益在增加。例如从银行借款或增加注资。

（2）资产减少。当一个企业资产在减少时，伴随的原因可能是负债在减少，也可能是所有者权益在减少。例如偿还银行贷款或减少注资。

其实，在现实中真实的情况要复杂得多。当资产增加时，可能负债在增加，而所有者权益在减少。研究这三个数字的关系，就可以基本上把握企业在某个经营时段中发生了哪些重大变化，也就可以摸清这个企业财务发展变化的基本方向。

从总额观察中可以找到 个方向性的问题：从年初到年末，该企业资产总量在减少，而负债在急速下降，所有者权益在增加。根据报表中关于资产的增减变化，就可以进一步探究这种变化的原因。资产总量减少只是个结果，而引起这种结果的原因就是负债的变化和股东所有权的变化。

6.5.1.5　具体项目浏览

具体项目浏览，就是拿着报表从上往下看，左右对比看。从上往下一个项目一个项目地观察；而左右对比就要看一看哪个数字发生的变化最大，哪个数字发生变化的速度最快，哪个就是主要原因。具体项目浏览的特点是有的放矢。

资产总量在减少，负债在减少，负债有流动负债和长期负债。首先流动负债中有两个项目变化比较突出，一个是短期借款，另一个是应付票据。短期借款到期必须偿还，减少属正常现象；应付票据的减少是因为公司前期买商品时，使用的是商业汇票结算，而且已经做出承诺要在这个时候付款，减少也正常。

分析资产减少而所有者权益增加的原因：实收资本和资本公积增加说明投资者继续注入企业资金，而且还做了变更登记提高了注册资金；盈余公积和未分配利润两个项目增加是因为企业赚钱了，有盈利。

6.5.2　读懂现金流量表

现金对于一个健康的财务机体来说，就像血液对于人体一样。血液只有流动起来人体才能健康，同样现金要具有流动性，企业才有生命力。作为一个老板，只有读懂现金流量表，才能了解企业支付能力、偿还能力和周转能力，预测企业未来现金流量。

6.5.2.1　什么是现金流量

现金流量是企业现金流动的金额数量，是对企业现金流入量和流出量的总称，如图6-1所示。

（1）现金流入量。现金流入量是指企业在一定时期内从各种经济业务中收进现金的数量。如销售商品、提供劳务收到的现金，吸收投资收到的现金，借款收到的现金等。

（2）现金流出量。现金流出量是指企业在一定时期内为各种经济业务付出现金的数量。企业接受劳务、购置固定资产、偿还借款、对外投资等，都会使企业现金减少，这些减少的现金数量就是现金流出量。

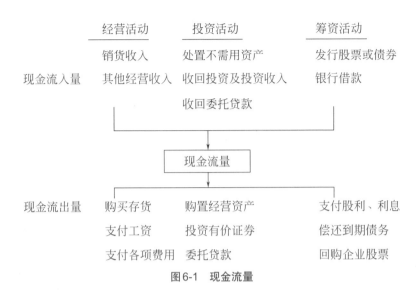

图6-1 现金流量

（3）现金流量净额。现金流入量减去现金流出量的差额，叫作现金流量净额，也叫净现金流量或现金净流量。

$$现金流量净额=现金流入量-现金流出量$$

其中：流量，即发生额，针对存量来说的；流入量，增加发生额；流出量，减少发生额。

6.5.2.2 现金流量的构成

$$现金净流量=经营活动的现金净流量+投资活动的现金净流量+$$
$$筹资活动的现金净流量$$
$$=（经营活动的现金流入量-经营活动的现金流出量）+$$
$$（投资活动的现金流入量-投资活动的现金流出量）+$$
$$（筹资活动的现金流入量-筹资活动的现金流出量）$$

6.5.2.3 现金流量表结构与格式

（1）现金流量表的结构。现金流量表的结构包括以下几部分。

① 表首。

② 正表。上下报告式；内容有五个部分。

③ 补充资料。将净利润调节为经营活动的现金流量；不涉及现金收支的投资和筹资活动；现金及现金等价物净增加额。

（2）现金流量表格式。现金流量表格式分一般企业、商业银行、保险公司、证券公司等企业类型予以规定。企业应当根据其经营活动的性质，确定本企业适用的现金流量表格式。

现金流量表格式见表6-14。

表6-14　现金流量表

编制企业：　　　　　　　年　月　口　　　　　　单位：元

项目	行次	金额
一、经营活动产生的现金流量	1	
销售商品、提供劳务收到的现金	2	
收到的税费返还	3	
收到的其他与经营活动有关的资金	4	
现金流入小计	5	
购买商品、接受劳务支付的现金	6	
支付给职工以及未支付的现金	7	
支付的各项税费	8	
支付的其他与经营活动有关的现金	9	
现金流出小计	10	
经营活动产生的现金流量净额	11	
二、投资活动产生的现金流量	12	
收回投资所收到的现金	13	
取得投资收益所收到的现金	14	
处置固定资产、无形资产和其他长期资产所收到的现金净额	15	
收到的其他与投资活动有关的现金	16	
现金流入小计	17	
购建固定资产、无形资产和其他资产所支付的现金	18	
投资所支付的现金	19	
支付的其他与投资活动有关的现金	20	
现金流出小计	21	
投资活动产生的现金流量净额	22	
三、筹资活动所产生的现金流量	23	
吸收投资所收到的资金	24	
借款所收到的现金	25	
收到的其他与筹资活动有关的现金	26	
现金流入小计	27	
偿还债务所支付的现金	28	
分配股利、利润或偿付利息所支付的现金	29	

项目	行次	金额
支付的其他与筹资活动有关的现金	30	
现金流出小计	31	
筹资活动产生的现金流量净额	32	
四、汇率变动对现金的影响	33	
五、现金及现金等价物净增加额	34	
补充资料	35	
1. 将净利润调节为经营活动现金流量	36	
净利润	37	
加：计提的坏账准备或转销的坏账	38	
固定资产折旧	39	
无形资产摊销	40	
待摊费用减少（减：增加额）	41	
预提费用增加（减：减少额）	42	
处置固定资产、无形资产和其他长期资产的损失（减：收益额）	43	
固定资产报废损失	44	
财务费用	45	
投资损失（减：收益额）	46	
递延税款贷项（减：借项额）	47	
存货的减少（减：增加额）	48	
经营性应收项目的减少（减：增加额）	49	
经营性应付项目的增加（减：减少额）	50	
其他	51	
经营活动产生的现金流量净额	52	
2. 不涉及现金收支的投资和筹资活动	53	
以固定资产偿还债务	54	
以投资偿还债务	55	
以固定资产进行投资	56	
以存货偿还债务	57	
3. 现金及现金等价物净增加情况	58	
现金期末余额	59	

续表

项目	行次	金额
减：现金的期初余额	60	
加：现金等价物期末余额	61	
减：现金等价物期初余额	62	
现金及现金等价物净增加额	63	

6.5.2.4　现金流量表的指标分析

（1）流动性分析（偿债能力分析）。流动性分析主要评价企业偿付债务的能力。主要考虑经营现金净流量对某种债务的比率关系，即，经营现金净流量÷某种债务。

① 现金到期债务比＝经营现金净流量÷本期到期债务。本期到期债务是指本期到期的长期债务和本期的应付票据，通常这两种债务是不能展期的。

② 现金流动负债比＝经营现金净流量÷流动负债。

③ 现金债务总额比＝经营现金净流量÷债务总额。这个比率越高，企业承担的负债能力越强。用该指标可确定公司可承受的最高利息水平。

如该比率为15%，意味着只要债务的利息率低于15%，企业就可以按时付息，通过借新债还旧债来维持借债规模。

④ 最大借款能力＝经营现金流量净额÷市场借款利率。如某企业经营净现金流量为2500万元，市场利率为8%，则该企业的最大负债能力为2500÷8%＝31 250万元。

（2）获取现金能力分析。获取现金能力分析评价营业现金流量创造能力，通过经营现金净流量与某种投入的资源对比进行分析。

① 销售现金比率＝经营现金净流量÷销售收入。反映每元销售得到的净现金，越大越好。

② 每股营业现金净流量＝经营现金净流量÷普通股股数。反映企业最大的分派股利的能力。

③ 全部资产现金回收率＝经营现金净流量÷全部资产。反映企业资产产生现金的能力。

④ 盈余现金保障倍数＝经营现金净流量÷净利润。反映企业收益的质量。

（3）财务弹性分析。财务弹性是指企业适应经济环境变化和利用投资机会的能力。现金流量超过需要，有剩余的现金，适应性就强。通过分析"现金供应÷现金需求"来评价财务弹性。

① 现金满足投资比率＝近5年经营现金流量净额÷近5年资本支出、存货增

加、现金股利之和。该比率越大，说明现金的自给率越大。若指标小于1，表明资金的供应不能满足需求。若指标等于1，表明资金的供应正好满足需求。若指标大于1，表明资金的供应有剩余，应考虑投资。

② 现金股利保障倍数＝每股经营现金流量净额÷每股现金股利。该比率越大，说明支付现金股利的能力越强。

6.5.3 读懂利润表

利润表是总括反映企业在一定期间内（月度、年度）利润盈利或亏损的实现情况的会计报表，它将"收入－费用＝利润"的公式用一目了然的表格形式表现出来。

利润表是反映一定会计期间的经营成果的报表。通过阅读利润表，你可以知道企业在一定会计期间收入、费用、利润的数额、构成情况，全面地了解企业的经营成果，分析企业的获利能力及盈利增长趋势，为你作出企业发展的经济决策提供依据。

6.5.3.1 利润表的内容

一份完整的利润表应包括以下几方面的内容，如图6-2所示。

（1）构成主营业务利润的各项要素，包括主营业务收入、营业费用、主营业务税金及附加等。

（2）构成营业利润的各项要素，包括主营业务利润、其他业务利润、管理费用、财务费用等。

（3）构成利润总额的各项要素，包括营业利润、投资收益、营业外收入等。

（4）构成净利润的各项要素，主要包括利润总额和所得税。

利润表项目列示原则为：收入按其重要性进行列示，费用按其性质进行列示，利润按其构成分类分项列示。利润表中的配比原则是谁受益、谁付费。

6.5.3.2 从利润表中了解经营成果

（1）把握结果——赚了多少钱。老板在看利润表时，一般都有一个习惯动作，即从下往上看，很少有人从上往下看。也就是说首先看的是最后一行净利润，然后是利润总额。这就是检查经营成果的指标：把握结果。把握结果的目的是要看一看企业是赚钱还是赔钱，如果净利润是正数，说明企业赚钱；如果净利润是负数，说明企业赔钱。

（2）分层观察——在哪里赚的钱？是来自日常活动还是偶然所得。查看经营

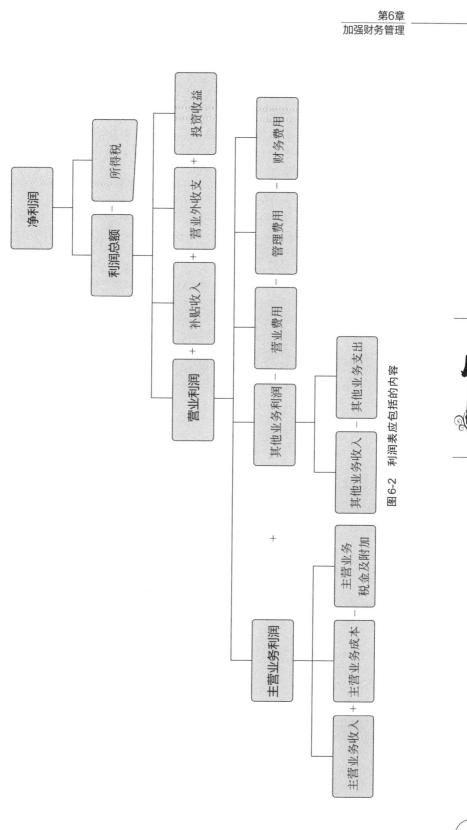

图6-2 利润表应包括的内容

成果要分层观察。分层观察的目的就是要让企业明白到底在哪儿赚钱。在利润表中，企业的主营业务利润和营业利润是企业日常经营活动所得利润，最能说明企业盈利能力的大小。如果一个企业在主营业务利润或者营业利润上赚了钱，说明企业具有较好的盈利能力；如果一个企业确实赚了很多钱，但不是主营业务利润，而是通过无法控制的事项或偶然的交易获得的，不能说明企业盈利能力的大小。

（3）项目对比——对经营成果满意吗？查看经营成果的第三步是项目对比。项目对比通常是与以下两个目标进行比较。

① 与以前年度经营成果相比。

② 与年初所定的经营预算目标相比，通过对这两个目标的比较，在某种程度上确定对本年度业绩是否满意。

公司营销计划与执行

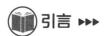

引言 ▶▶▶

在营销领域，有一句俗话："营销计划是一切成功的关键。"因为营销计划是你的公司在市场风浪里航行的基本路线图。如果你的航行路线有误的话，那么你的公司会航行到哪里去呢？"有计划不是万能的，但没有计划却是万万不能的"。

零基础开公司——新手开公司从入门到精通

7.1 营销要有计划

企业发展战略反映着企业的发展方向和宏观目标，但它仅仅只是一个方向和目标，如果没有营销计划予以具体落实，则势必成为空中楼阁；反之，企业的营销计划，如果没贯彻、落实企业发展战略的意图，而自行其是，也是要碰壁的，这不但可能导致营销计划与发展战略的不协调，甚至冲突，造成企业发展中的"南辕北辙"，或运行中的政令不一，而且脱离了企业发展战略的营销计划，势必是无根浮萍，既缺乏根据，又可能丧失了方向感和目的性，从而，带有很大的盲目性、随意性，无法适应市场经济的发展要求。

7.1.1 营销计划的内容

一套完整的营销计划包括以下内容：市场环境与分析（行业、竞争者、消费者分析、SWOT分析等），市场定位，营销目标（销售目标与市场目标），4P策略组合（产品、定价、渠道、推广，推广中又分为广告、消费者促销、终端促销、批发促销、人员推销、公关等），营销人员管理组织构架，营销费用预算及行动时间表等。具体而言，一份书面的营销计划包括表7-1所列的内容。

表7-1　一份书面的营销计划包括的内容

第一部分：背景
阐明公司近些年的发展、产品、服务和员工等。主要需要陈述的事件包括销售员工的雇佣情况、新发行体制的建立、销售预算的主要增长、主要的新产品的介绍、新建立的合资机构和公司网页的建立情况。
第二部分：收入情况和预计
设计一个表格描述过去五年的收入情况和今后两年的预计情况。如有可能，按照市场情况分类。此外，还有销售费用、作为销售总额百分比的费用支出。这一部分需要尽可能地详尽，因为在你未来和很多人一起工作时，可能会提出各种不同的计划。有一点需要指出：对特定市场销售的增长速度要比其他市场的迅速；而且这种市场基本没有销售投资。因此，这一部分应该有一个可能会增加销售投资的战略计划。
第三部分：战略问题
就现在的业务环境做一个描述，包括国内、国外那些将要或可能会影响明年业务的事件。这一部分涵盖了对销售计划有限制的重要因素和在未来一年内将会被利用到的各种机会，诸如：一个主要的新产品的引入、一个新的竞争对手、行业的合并和扩展、一个新的发行渠道或者行业价格方面的主要变化。

续表

第四部分：竞争
将竞争对手做一个详细的分析，包括他们的强势和弱处。这部分要包括一个整体的竞争分析：和前五个竞争对手相比，实力如何？要试着对本公司和竞争对手各占的市场份额做一个评估。
第五部分：定价
表明过去的定价趋势和今后（明年）的定价策略。这部分应该与竞争对手情况和整个行业相关。也需要指明在市场上想如何被观众接受的策略——是"低价位商品的供应商"还是"高价位/高品质商品的供应商"。
第六部分：定位陈述
综合上述所有信息之后，需要就公司明年的定位做出一个描述。这个定位陈述应该只有一句话。未来它可以使用作为广告、促销的结尾语，也需要公司的销售人员能够快速简洁地表述出来。
第七部分：销售目标
划分3～4个可测量的群体目标。通常，在给定的一年中，完成三四个以上的主要测试群体是可能的。密切注意这些测试群体很重要，他们是公司业务增长的关键。按月进行测试，为每一个测试对象都做出专门的测试报告。一个这样的目标群体就意味着收入会增长10%。
第八部分：销售计划
按照测试对象的结果制订出销售计划。测试对象和销售计划的不同就在于测试对象决定公司该做什么，而销售计划是指出怎么做。比如：有几个销售计划都可能获得使收入增长10%的测试目标：可能是增长顾客的数目、增加平均订单数、增加定价、进入新市场、雇佣更多的销售员工、增加图书的种类和邮寄数目等。而现在公司的任务就是挑选出最适合公司和公司产品的销售计划。
第九部分：销售预算
列出一个表格显示过去三年所有销售及与销售有关的费用支出，以及未来一年的预计。这部分并不包括特殊的销售渠道：目录册、直接邮寄、宣传、展览、广告、销售人员、所附材料、网站等。也要分析一下这些成果。对直邮投资的商业效果有多少？一些渠道要比其他渠道好测试，但是要尽可能地对影响公司成果的销售资源的分配有一个清晰的了解。
第十部分：销售渠道
对前面各部分所包括的渠道写一份总结。设立目标群体和计划，对如何在各渠道内分配预算做出详细的安排。
第十一部分：月历和每月支出
列出一个表显示每个月甚至全年的每项活动以及费用支出。

一份书面销售计划的创作仅仅是促进销售的第一步。一旦制订完成，这一计划就要被全公司知晓，以使每个人都对这一战略有所了解，知道为什么他们所在部门的资源要按照现在的方式分配。公司的每一个人都应该投入到计划中，检测或实施这一计划。

7.1.2 营销计划失败的六个缘由

7.1.2.1 营销计划缺乏制度的保障

营销计划不仅是一种方法体系，同时也应该是一种制度体系，也就是说营销计划一旦执行，就必须按照相应的要求来加以保障。现实之中很多企业在实施营销计划时，并没有落实到具体的制度上，其原因如下。

（1）营销人员找不到开展工作的规范，无法衡量自身业绩的好坏。

（2）部分人员只是满足于现状，不能按照要求开展工作。

7.1.2.2 营销计划执行缺乏绩效考核的约束

在营销计划执行过程中，都是营销管理职能在起作用，而要充分发挥这些职能，使营销计划有效执行，就必须将绩效考核制度与营销计划的完成效果结合起来，这样才能使营销人员可以对自己的绩效进行评估，否则营销计划的执行将缺乏规范性。

7.1.2.3 营销计划缺乏过程管理

营销计划执行时只重视结果，而不重视达成结果的过程：在营销计划的执行过程中，往往最受关注的是一些硬指标，比如销售额、铺货率、知名度等，但是还有其他的一些软指标，比如市场价格体系、市场秩序、与竞争对手的对比等，往往会受到忽视，也就是说在营销计划执行时，缺乏对执行过程进行系统的管理，就算达到了硬指标，但软指标中存在的问题将会对企业造成根本性的伤害。

7.1.2.4 营销计划执行过程中缺乏整合和协调

主要表现在各个职能部门之间，如市场部门和销售部门、销售一线和销售后勤部门等，这在很大程度上依赖于营销组织架构的合理，也就是如果组织架构落后于企业发展的要求，就会限制营销计划的有效执行。另外在营销计划执行过程中，缺乏一个领导部门来推动整个计划的进行，各部门的本位主义比较严重，职能性的部门结构影响到了企业整体业绩的实现，比如对于多产品结构的企业而言，对于不同种类的产品总是缺乏管理的，各个部门只是注重各自一块职能工作的完成，而对于一个产品的发展过程却缺乏一个综合的管理，从而造成各个部门的专业优势并没有转化为企业的整体优势，有可能还会造成企业资源的损耗和业绩的衰退。

7.1.2.5 企业业务流程不合理

营销计划执行过程中的业务流程过于复杂，造成企业的反应速度降低，整个业务运作过程效率低下，使营销计划的时效性不能体现。执行过程中的审批环节过多，一方面造成对市场机会的丢失，另一方面影响了营销人员积极性的发挥，不利于发挥主动性和灵活性，对营销计划执行的有效性也不能充分保证。

7.1.2.6 企业分支机构对区域营销计划缺乏系统性

主要表现在以下两点。

（1）区域营销人员的专业技能有欠缺。对总部下达的营销计划无法进行进一步规划，对整个区域市场缺乏整体性的计划，对各个小区域之间也缺乏系统的拓展计划，造成整体营销计划一到下面就开始变形，无法真正落实。

（2）区域人员注重结果而不注重过程。由于部分企业的销售政策导向是以销量为核心，因此区域人员也会只注重结果而不关心过程，他们采取的措施都是短期内提高销量的，但是否能满足营销计划的战略要求则不在考虑之中。

7.2 营销执行

有一位著名企业家说："什么叫营销执行力，执行力就是认真、认真、再认真，深入、深入、再深入，仔细、仔细、再仔细，落实、落实、再落实。"

7.2.1 执行力就是竞争力

从前，有两个猎人，一起去野外打猎。这时，一只大雁向他们飞过来。"我把它射下来煮着吃。"一个猎人拉开弓瞄准大雁说。"鹅是煮着吃，大雁还是烤着吃更香。"另一个猎人说。"煮着吃。""烤着吃。"两人争论不休，最后来了一个农夫，于是他们要农夫为他们评理。农夫给他们出了一个主意：把大雁分成两半，一半煮着吃，一半烤着吃。两人认为有理，决定将大雁射下来，但这时大雁已经飞走了。

其实方案的完美与执行的速度并不矛盾。如果企业的营销活动是"接力棒"式的，即市场部做出完美的方案后，销售部根据方案一步一步地实施，那么方案的完美度与执行的速度就总是表现为矛盾状态。如果企业的营销活动是"橄榄型"的，即市场部制定方案的同时，销售部开始执行方案意图，一段时间后市场部和销售部碰头，共同研讨并确定营销方案，销售部再根据方案执行，然后再研讨，再完善，再执行，这样就能达到"销售执行完善营销方案，营销方案指导销售执行"的效果。那两个猎人边打大雁边研究利益划分也就不会落得这样一个结果了。

A公司是一家国有企业改制过来的企业，一个新产品从市场调研到上市要差不多1年的时间。市场调研、产品定位和新产品开发企划案、技术设计、设备调试只花了2个半月，而方案的研讨、完善整整花了8个月。糟糕的是：该产品上市并没有带来预期的效果。因为竞争对手已提前半年上市了，已经占据了绝对的市场份额。B公司，其对外一般采取租赁厂房设备的低成本运作形式扩张。该公司的外办子公司完成租赁厂房设备、厂房重新布置、设备安装和调试、原料采购、人员招聘、市场调研、产品定位、产品研发、产品包装、产品生产、产品上市等全部活动一般只需花2个月时间。

对于营销的一切事务而言，执行力就是核心竞争力，在营销管理、产品研发与创新、新产品上市、市场拓展、市场沟通、公关促销、成本控制、分销网络建设、经销商管理、物流控制、品牌传播等无论哪一方面，你只要在一两个方面总是能保持先人半步或者超人半步，把事情按质按量做到位，甚至其他方面无优势时，你只要把每件事的细节做得更到位，你就具备了营销的核心竞争力。海尔集团的营销执行能力得到业界的广泛认可，海尔的强势执行力来源于"迅速反应，马上行动"的企业文化，企业文化氛围的形成又来源于海尔集团长期在制度和激励方面的建设。海尔营销方面的制度和激励可分为三个方面：OEC日清管理制度、会议制度及激励（软性激励、临时激励）和组织结构保障。作为这三个方面长期建设的结果，海尔逐步形成了营销方面的强势执行力，并成为其营销的核心能力。

7.2.2　执行的层次

著名管理专家波诺瓦在研究了22个组织的营销案例后，发现"执行"问题可能发生在三个层面：一是营销功能，即产品、价格、渠道、促销、市场推广等与营销相关的各个"单元"；二是营销方案，即各种营销功能组合后形成的"整体建筑"；三是营销文化，即营销理念和政策渗透到企业的每个业务部门（如研发、生产等）乃至非业务部门（如人力资源、财务等）后生成的"地基"。

波诺瓦为了解决各个层面执行的问题，针对性地提出了4个"药方"。

（1）合理配置，以实现效益最大化分配时间、资金、人员等资源。

（2）有效监控，建立一个对营销效果进行跟踪的控制系统。

（3）组织保障，构建与营销活动目标相适应的关系结构。

（4）相互影响，经理层号召普通员工或牵头部门带动其他部门实现营销目标。

所谓营销执行是指将营销计划转化为行动任务的过程，保证任务完成、实现既定目标是营销执行的终极使命。如果说营销策略是确定"什么（What）"和"为什么（Why）"，那么营销执行则要解决"谁（Who）"在"什么时间（When）""什么地点（Where）""怎么样（How）"的问题。

7.2.3　成功执行的大秘诀

7.2.3.1　没有任何借口，改变心态与观念才能提高执行力

企业成员（从管理者到普通员工）应该把对营销决策的执行当成一种纪律。如果你要做一件事情时，你会有一百个理由去做，你如果不愿做一件事情时，你同样会有一千个借口不去做！

7.2.3.2　跟进是执行力的灵魂

任何规划和蓝图都不能保证你成功，很多企业的核心竞争力和战略规划是在做强做大的过程中总结出来的，而不是事先规划出来的，他们的战略规划还在随着核心竞争力的变化而调整。因此执行时没有必要计较计划的周全性，任何规划都有缺陷，规划的东西是纸上的，与实际总是有距离的，可以在执行中修改，但关键还是马上去做并不断跟进。

某食品公司的营销总监经常抱怨："产品分销了，上货架了，陈列情况也挺好，我的营销执行力已到位，产品再卖不掉，就不是我的责任，那只能说明品牌拉力不够。这个时候，产品生产部门应该对销售额负责任。"百般无奈之下，他请了一位营销专家好友参加他的销售会议。他的朋友在营销会议上提的第一个问题就是问业务员中秋节是什么时候。结果一大部分的业务员回答不上来。仅仅一个问题，那位营销专家就发现了公司症结所在。食品公司的各项销售计划都执行得不错，但是缺乏的是业务员对销售计划执行情况的跟进。甚至作为中秋节这样的旺销节日都未能引起他们注意。会议后，营销总监陪着他的朋友到各个终端逛了一圈，结果令人吃惊：某终端陈列及排面做得都很好，但是主导产品的促销信息没有充分暴露，甚至连"买二赠一"的价签都没有贴上；某超市花钱做堆头，却堆到了别的产品类别销售区；在一家大型的超市中堆头产品盒子陈旧、掉边、皱巴巴的……营销总监感慨道：营销执行不是形式上的文章，而是必须切切实实地跟进！

7.2.3.3　执行要不怕挫折

任何计划都难以做到完美，在执行过程中，磕磕绊绊总是有的。但千万不要因此而因噎废食，只有满怀激情去做，一切困难都会迎刃而解。长期的坚持总会得到回报。当然执行过程中及时发现重大的问题，并向领导层反馈也是不可缺少的，但这并不妨碍执行的坚决性。

7.2.3.4　执行需要制度安排

制度安排特别是考核监控与奖惩机制的建立是执行的有力保障。很多企业，

营销队伍和营销人员动辄几百上千，他们常驻各地或者经常出差到各地，组织各种活动，花费各种名目繁多的费用。那么如何保证这么大的费用不白花？如何保证让一线人员做的终端营销工作是有效的？如何保证他们的每一件销售工作是按质按量完成的？这时候就需要拟定明确的考核监控机制与奖惩机制。

7.3 营销控制

7.3.1 营销控制——市场营销的"防护网"

所谓营销控制是指衡量和评估营销策略与计划的成果，以及采取纠正措施以确定营销目标的完成。在计划执行过程中，难免会出现一些小偏差，而且随着时间的推移，小错误如果没有得到及时的纠正，就可能逐渐积累成严重的问题。营销控制不仅是对企业营销过程的结果进行控制，还必须对企业营销过程本身进行控制，而对过程本身的控制更是对结果控制的重要保证。因此，营销管理者必须依靠控制系统及时发现并纠正小的偏差，以免给企业造成不可挽回的损失。

7.3.1.1 营销控制的四个类型

营销控制可以分为四个类型，如图7-1所示。

| 类型一 | 年度计划控制 |

高层营销管理人员根据年度计划检查实施情况，如果必要，还要对其进行修正。高层营销管理人员可以通过销售分析、市场份额分析、销售费用率、财务分析及顾客态度分析等多种方法检查营销的目的是否实现，造成超额完成或者未完成计划、目标的原因是什么，计划目标的可行性是否存在问题等

| 类型二 | 盈利率控制 |

目的是检查公司哪些产品能够盈利，在什么地方盈利，盈利程度如何；什么产品造成亏损，是什么原因造成等。营销管理人员可以通过销售情况、产品经营情况、销售渠道的经营情况等来分析公司现有的营销与销售之间的关系和盈利率

类型三　效率控制

用于评价和提高经费开支效率以及营销开支的效果。营销管理者和营销人员必须检查营销队伍的建设是否合理，营销人员的工作效率如何、怎样提高，广告和促销的分配即比例是否合理等

类型四　战略控制

用于检查公司的基本战略是否与现有机会相适应，或者寻求新的战略发展机会。战略控制由公司的高层领导者来完成，确定营销的目标和手段是否适合现阶段公司的经营情况和战略发展目标

图7-1　营销控制的四个类型

7.3.1.2　年度计划控制的工具

年度计划控制指营销人员随时检查营业绩效与年度计划的差异，同时在必要时采取修正行动。年度控制是为了确保计划中所确定的销售、利润和其他目标的实现。年度计划控制的核心是目标管理。年度计划控制主要通过五种工具来实现，具体如图7-2所示。

工具一　销售分析

销售分析由根据目标衡量和评价实际销售情况构成。用以评价营销工作的效果

工具二　市场份额分析

销售分析不能全面表明市场竞争情况，因此，必须通过市场份额的变化分析来进一步了解公司营销工作的效果

工具三　营销费用与销售额分析

年度计划控制要求保证公司在实现其销售目标时，没有过多的支出。因此，营销费用与销售额的百分比非常重要。常规情况下，营销费用与销售额的比值在8%～12%之间波动

图7-2

工具四 ▷ 财务分析

营销费用与销售额之比应放在一个总体财务构架中进行分析，以便决定公司如何花钱，把钱花在什么地方。营销者越来越倾向于利用财务分析来寻找提高利润的战略，而不仅仅局限于扩大销售的战略

工具五 ▷ 顾客态度跟踪

在以数据分析的基础上，通过顾客态度跟踪这一定性的方法了解和预测未来时段的市场份额变化，以便公司经营者提前做好应对措施

图7-2　年度计划控制的五种工具

7.3.2　市场营销预警系统

营销预警系统是指对各类营销计划进行控制的工具的总和，其过程是关于营销计划执行的控制过程，是营销管理的重要内容。制定预警参照体系是建立营销预警系统的起点，如果建立电子预警系统，预警参照体系是对营销作业中的问题点自动报警的一个基础的数据库，那么制定什么样的预警参照体系才是有效的呢？

7.3.2.1　有效预警参照体系的要求

一般来说，有效预警参照体系应该满足图7-3所示的要求。

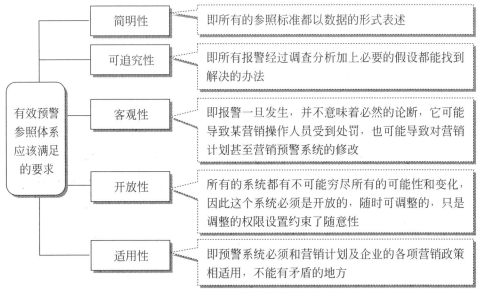

图7-3　有效预警参照体系应该满足的要求

7.3.2.2 实施营销预警系统的步骤

实施营销预警系统包括以下几个步骤，如图7-4所示。

步骤一	形成导入营销预警系统的措施。其中包括让团队成员接受这个系统所做的宣传、动员、解释工作，也包括为保障实施这个系统所作出的有关强制性规定
步骤二	成员准备与培训。让成员熟悉这个系统，并养成在工作中自觉运用这个系统的习惯，不管这个系统是否有计算机支持
步骤三	给系统一个过渡期或试用期。任何系统，无论在事前设计得多么完美，都难免存在一些缺陷，甚至重大缺陷，因此应该在正式全面启用前进行试用，或在启动初期，不废弃过去的工作工具和方式，这样就有机会调试营销预警系统，并保障不会为营销组织带来大的风险
步骤四	形成数据库。全员的参与是数据库相对完整的保障，因此即使是在试用阶段也应让每个成员正确地输入和处理信息，以确保数据库从开始形成时就是真实有效的
步骤五	完善营销预警系统
步骤六	通过定期评审和成员反馈的问题积累与分析，逐步完善营销预警系统

图7-4　实施营销预警系统的步骤

7.3.3　市场营销审计

市场营销审计，是指对企业的营销环境、目标、战略及一系列的经营活动进行全面、系统、独立和定期的审查，其目的在于确定企业的市场营销范围，捕捉市场机会，改进营销工作出现的问题，并提出正确的营销计划，提高企业的市场营销绩效。

7.3.3.1 市场营销审计的内容

由于开展市场营销审计应体现全面性和系统性原则，所以市场营销审计包括的内容非常广。一般认为，可以将其内容划分为营销环境审计、营销战略审计、营销组织审计、营销系统审计、营销效率审计和营销职能审计六大部分。西方国家的实践表明，市场营销审计在控制与考核企业市场营销活动的效果方面有不可替代的优越性，因而成为众多企业经营管理的重要组成部分。在西方国家的内部审计中，市场营销审计已经成为企业经营审计不可缺少的重要内容。

7.3.3.2 市场营销审计的步骤

市场营销活动的审计是一项复杂而细致的评估活动。其具体实施程序可分三步走，如图7-5所示。

第一步	在企业中形成一种开放的心态，为建立学习型组织奠定基础，避免封闭式的管理模式，避免出现夜郎自大的现象。要做到这一点主要是通过与外部的交流来实现，即可以请进来，也可以走出去，以便对本企业在营销领域的现状，在本行业中（或跨行业）属于什么样的层次有一个客观的认识，从而发现自己的问题和差距，具体方法包括培训班、交流会、讨论会等
第二步	借鉴财务审计的思路和方法，通过营销审计这种手段发现企业在营销管理领域的薄弱环节，及时发现现有的问题和潜在的问题，特别是营销管理的流程问题和监控问题
第三步	聘用独立的第三方机构进行营销审计工作，以便做出公正客观的审计报告，并提出改进意见和建议。通常，审计结果可以分成重大问题（A）、比较严重问题（B）、轻微问题（C）三类，按照轻重缓急可以分成非常紧急（A）、比较紧急（B）、一般情况（C）三级；最后，根据问题的严重性和紧迫性的组合来制订下一步的实施计划

图7-5 市场营销审计的步骤

第8章

公司税务管理

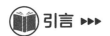 引言 ▶▶▶

　　企业税务管理是企业在遵守国家税法，不损害国家利益的前提下，充分利用税收法规所提供的包括减免税在内的一切优惠政策，达到少缴税或递延缴纳税款，从而降低税收成本，实现税收成本最小化的经营管理活动。

零基础开公司——新手开公司从入门到精通

8.1　纳税人资格认定

新开企业，一定会遇到选择增值税纳税人身份的问题。选择不好，对税负有较大影响。增值税有两类纳税人：一类是一般纳税人，另一类是小规模纳税人。前者要同时达到销售额符合标准和会计核算健全这两个条件，后者则无需受此限制。作为增值税的纳税人，在实务中，是当一般纳税人好，还是做小规模纳税人好呢？

8.1.1　一般纳税人和小规模纳税人的区分

按照《中华人民共和国增值税暂行条例》（以下简称《增值税暂行条例》）及其《中华人民共和国增值税暂行条例实施细则》（以下简称《实施细则》）的规定，增值税纳税人按其经营规模和会计核算是否健全划分为小规模纳税人和一般纳税人。

8.1.1.1　小规模纳税人

小规模纳税人是指年销售额在规定标准以下并且会计核算不健全，不能按规定报送有关税务资料的增值税纳税人。认定标准如下。

（1）从事货物生产或提供应税劳务为主并兼营批发或零售的、年应税销售额在50万元以下的（以下简称工业企业）纳税人。

（2）从事货物批发或零售的、年应税销售额在80万元以下的纳税人。

（3）营业税改征增值税试点中应税服务年销售额在500万元以下的纳税人。

8.1.1.2　一般纳税人

一般纳税人是指年应税销售额超过小规模纳税人的企业。

8.1.2　确认企业是哪类纳税人资格

国家税务总局最新下发的《增值税一般纳税人资格认定管理办法》（国家税务总局第22号令）规定，年应税销售额未超过财政部、国家税务总局规定的小规模纳税人标准以及新开业的纳税人，可以向主管税务机关申请一般纳税人资格认定。

一般纳税人应纳税额为当期销项税额抵扣当期进项税额后的余额。小规模纳税人应纳税额是按照销售额与条例规定3%的征收率计算，不得抵扣进项税额。就总体而言，两种纳税方式税负水平基本相同，但就某个企业而言则不相同。企业应当根据产品特点、生产组织方式及外部环境的要求选择适当的增值税纳税方式，以减轻企业的税收负担。

8.1.2.1　临界点的确定

临界点，就是企业在什么情况下，不管是选择一般纳税人还是小规模纳税人，其税负相等。临界点可以通过计算得出。假设某企业销售额为a，选择一般纳税人时，增值税税率为基本税率13%，那么销项税额为$13\% \times a$，设进项税额为X，则应纳增值税为$13\% \times a - X$。

如果该企业选择小规模纳税人，由于其销售额与选择一般纳税人时相同（a），增值税征收率为3%，则应纳增值税额为$3\%a$。

临界点则为$13\%a - X = 3\%a$；$X = 10\%a$。

也就是说，当企业进项税额为销售额的10%时，不管是选择一般纳税人还是选择小规模纳税人，其税负相等。此时，一般纳税人应纳税额为$13\%a - 10\%a = 3\%a$，等于小规模纳税人的应纳税额。此时，进项税占销项税的比例为：$10\%a \div 13\%a \times 100\% \approx 76.92\%$。该企业无论是选择一般纳税人还是小规模纳税人，其增值税税负相等。

8.1.2.2　纳税方式的选择分析

假定某公司2019年销售收入为60万元，据统计当年取得进项税6万元。该企业为一般纳税人，销项税应为7.8万元，当年应纳增值税为：7.8–6=1.8（万元）。假如该企业为小规模纳税人，当年应纳增值税为：60×3%=1.8（万元）。此时该企业无论是选择一般纳税人还是小规模纳税人，其增值税税负相等。

假如该企业进项税额为6.6万元，销项税额仍为7.8万元[60×13%=7.8（万元）]，此时进项税额为销项税额的84.61%（大于76.92%）。如果是一般纳税人，其应纳增值税为：7.8–6.6=1.2（万元）；如果是小规模纳税人，其应纳增值税为：60×3%=1.8（万元）。显然，一般纳税人的税负小于选择小规模纳税人的税负。

由此可见，当进项税额占销项税额的比重高于76.92%时，即进项税额大于销售额的10%时，意味着企业销项税额与进项税额差距缩小，进项税比重上升，销项税比重下降。选择一般纳税人缴纳的增值税必然小于选择小规模纳税人缴纳的增值税，企业选择一般纳税人有利。而对于一个企业，选择小规模的纳税人时，其税负水平始终为销售额的3%。选择一般纳税人时，由于销项税率一定（销售额的13%或10%），影响其税负水平取决于进项税额与销项税额或销售额比重。企业可以根据自身经营的特点，选择税负较低的增值税纳税方式。

8.1.2.3 需要考虑的其他因素

企业选择纳税方式时还应考虑如下因素。

（1）考虑客户即采购商的纳税方式。客户即采购商的纳税方式通常也分为两种：小规模纳税人和一般纳税人。具体如图8-1所示。

方式一　**主要客户为小规模纳税人**

> 如果企业的主要客户为小规模纳税人，其取得的进项税不能抵扣，对是否取得进项税不感兴趣，客户所关心的是含税价的高低。此时，企业为了增强竞争能力，扩大销售，可选择小规模纳税人。否则，企业只能降低售价以使含税价低于市场同类产品含税价来赢得顾客

方式二　**客户多为一般纳税人**

> 如果客户多为一般纳税人，由于其取得的进项税可以抵扣，此时企业可考虑选择一般纳税人，这样符合客户的利益

图8-1　考虑客户即采购商的纳税方式

（2）考虑本企业产品对客户的用途。如果企业的产品对客户来说是原材料或协作件，且客户为一般纳税人，则与上款相同；如果本企业的产品对客户来说构成固定资产，根据税法规定，企业购进固定资产所取得的进项税不得抵扣，必须记入固定资产成本，客户在选择供应商时往往以含税价高低为标准。为了赢得客户，企业理应选择小规模纳税人。除非企业决定价格让利13%，使客户认为虽然多支付了13%的增值税，但这部分税已从价格让利得到补偿，可以选择一般纳税人。如果企业产品是为某军工企业生产的军品配套，由于国家对军品实行免税，军工企业对能否取得进项税不感兴趣，企业为考虑该军工企业利益，选择时与客户为小规模纳税人时相同。

总之，选择增值税纳税方式应当慎重，应当全方位考虑，综合比较分析，这不仅涉及本企业的税负和经济利益，而且影响到客户的税负和经济利益。既要考虑本企业情况，又要考虑供应商及客户的实际情况；不仅要考虑自身税负高低，而且要考虑降低采购成本，赢得客户扩大销售，提高市场占有率。只有这样，才能使纳税方式的选择达到提高企业产品竞争能力，最大限度地提高企业经济效益的目的。

8.1.3　一般纳税人资格认定

新开业纳税人申请认定一般纳税人的手续和流程如图8-2所示。

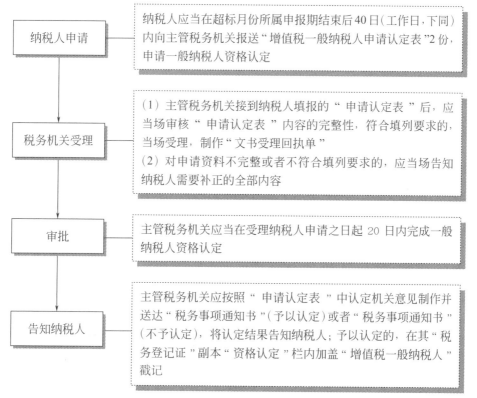

纳税人申请 —— 纳税人应当在超标月份所属申报期结束后40日（工作日，下同）内向主管税务机关报送"增值税一般纳税人申请认定表"2份，申请一般纳税人资格认定

税务机关受理 —— （1）主管税务机关接到纳税人填报的"申请认定表"后，应当场审核"申请认定表"内容的完整性，符合填列要求的，当场受理，制作"文书受理回执单"
（2）对申请资料不完整或者不符合填列要求的，应当场告知纳税人需要补正的全部内容

审批 —— 主管税务机关应当在受理纳税人申请之日起20日内完成一般纳税人资格认定

告知纳税人 —— 主管税务机关应按照"申请认定表"中认定机关意见制作并送达"税务事项通知书"（予以认定）或者"税务事项通知书"（不予认定），将认定结果告知纳税人；予以认定的，在其"税务登记证"副本"资格认定"栏内加盖"增值税一般纳税人"戳记

图8-2　申请认定一般纳税人的手续和流程

8.2　税收优惠备案及审批

8.2.1　企业所得税税收优惠项目

企业所得税税收优惠事先备案项目如下所述。

8.2.1.1　从事农、林、牧、渔业项目所得

（1）优惠对象。企业从事农、林、牧、渔业项目（国家限制和禁止发展的项目除外）的所得，可以免征、减征企业所得税。

（2）备案时限。企业首次申报享受减免税前。

8.2.1.2 从事国家重点扶持的公共基础设施项目投资经营所得

（1）优惠对象。企业从事《公共基础设施项目企业所得税优惠目录》规定的国家重点扶持的公共基础设施项目的投资经营所得，自项目取得第一笔生产经营收入所属纳税年度起，第1年至第3年免征企业所得税，第4年至第6年减半征收企业所得税。

（2）备案时限。该项目取得第一笔生产经营收入后15日内。

8.2.1.3 符合条件的技术转让所得

（1）优惠对象。一个纳税年度内，居民企业技术转让所得不超过500万元的部分，免征企业所得税；超过500万元的部分，减半征收企业所得税。

（2）备案时限。纳税年度终了后至次年3月底前。

8.2.1.4 国家需要重点扶持的高新技术企业

（1）优惠对象。高新技术企业经认定后，可减按15%的税率征收企业所得税。

（2）备案时限。取得高新技术企业证书之后申请办理减免税手续，并于纳税年度终了后至次年3月底前报送相关资料。

8.2.1.5 企业研究开发费用加计扣除

（1）优惠对象。企业为开发新技术、新产品、新工艺发生的研究开发费用，未形成无形资产计入当期损益的，在按照规定据实扣除的基础上，按照研究开发费用的50%加计扣除；形成无形资产的，按照无形资产成本的150%摊销。

（2）备案时限。项目立项后申请办理加计扣除，并于纳税年度终了后至次年3月底前报送相关资料。

8.2.1.6 企业安置残疾人员支付的工资加计扣除

（1）优惠对象。企业安置残疾人员的，在按照支付给残疾职工工资据实扣除的基础上，按照支付给残疾职工工资的100%加计扣除。残疾人员的范围适用《中华人民共和国残疾人保障法》的有关规定。

（2）备案时限。纳税年度终了后至次年3月底。

8.2.1.7 创业投资企业抵扣应纳税所得额

（1）优惠对象。创业投资企业采取股权投资方式投资于未上市的中小高新技术企业2年以上的，可以按照其投资额的70%在股权持有满2年的当年抵扣该创业投资企业的应纳税所得额；当年不足抵扣的，可以在以后纳税年度结转抵扣。

（2）备案时限。纳税年度终了后至次年3月底前。

8.2.1.8　固定资产加速折旧

（1）优惠对象。企业的固定资产由于以下原因确需加速折旧的，可以缩短折旧年限或者采取加速折旧的方法。

①　由于技术进步，产品更新换代较快的。

②　常年处于强震动、高腐蚀状态的。

（2）备案时限。取得固定资产后1个月内。

8.2.1.9　企业资源综合利用减计收入

（1）优惠对象。企业以《资源综合利用企业所得税优惠目录》规定的资源作为主要原材料，生产国家非限制和禁止并符合国家和行业相关标准的产品取得的收入，减按90%计入收入总额。

（2）备案时限。取得资源综合利用认定证书之后。

8.2.1.10　企业购置并实际使用环境保护、节能节水、安全生产等专用设备的投资额

（1）优惠对象。企业购置并实际使用《环境保护专用设备企业所得税优惠目录》《节能节水专用设备企业所得税优惠目录》和《安全生产专用设备企业所得税优惠目录》规定的环境保护、节能节水、安全生产等专用设备的，该专用设备投资额的10%可以从企业当年的应纳税额中抵免；当年不足抵免的，可以在以后5个纳税年度结转抵免。

（2）备案时限。纳税年度终了后至次年3月底前。

8.2.1.11　新办软件生产企业

（1）优惠对象。新办软件生产企业经认定后，自获利年度起，第1年和第2年免征企业所得税，第3年至第5年减半征收企业所得税。

（2）备案时限。取得软件企业认定证书之后申请办理减免税手续，并于纳税年度终了后至次年3月底前报送相关资料。

8.2.1.12　国家规划布局内的重点软件生产企业

（1）优惠对象。国家规划布局内的重点软件生产企业，如当年未享受免税优惠的，减按10%的税率征收企业所得税。

（2）备案时限。取得国家规划布局内重点软件生产企业认定证书之后申请办理减免税手续，并于纳税年度终了后至次年3月底前报送相关资料。

8.2.1.13　集成电路设计企业

（1）优惠对象。集成电路设计企业视同软件企业，享受软件企业的有关企业

所得税政策。

（2）备案时限。取得集成电路设计企业认定文件之后申请办理减免税手续，并于纳税年度终了后至次年3月底前报送相关资料。

8.2.1.14 集成电路生产企业

（1）优惠对象。投资额超过80亿元人民币或集成电路线宽小于0.25微米的集成电路生产企业，可以减按15%的税率缴纳企业所得税。其中，经营期在15年以上的，从开始获利的年度起，第1年至第3年免征企业所得税，第6年至第10年减半征收企业所得税。

对生产线宽小于0.8微米（含）集成电路产品的生产企业，经认定后，自获利年度起，第1年和第2年免征企业所得税，第3年至第5年减半征收企业所得税。

（2）备案时限。取得集成电路生产企业认定文件之后申请办理减免税手续，并于纳税年度终了后至次年3月底前报送相关资料。

8.2.1.15 动漫企业

（1）优惠对象。经认定的动漫企业自主开发、生产动漫产品，可申请享受国家现行鼓励软件产业发展的所得税优惠政策。

（2）备案时限。取得动漫企业证书或重点动漫企业证书或重点动漫产品文书之后申请办理减免税手续，并于纳税年度终了后至次年3月底前报送相关资料。

8.2.1.16 非营利组织

（1）优惠对象。符合条件的非营利组织的收入为免税收入。

（2）备案时限。企业首次申报享受减免税前。

8.2.1.17 小型微利企业

（1）优惠对象。符合条件的小型微利企业（包括采取查账征收和核定征收方式的企业），减按20%的税率征收企业所得税。

（2）备案时限。企业当年办理企业所得税年度纳税申报时。符合规定条件的小型微利企业，在预缴和年度汇算清缴企业所得税时，可以按照规定自行享受小型微利企业所得税优惠政策，无需税务机关审核批准，但在报送年度企业所得税纳税申报表时，应同时将企业从业人员、资产总额情况报税务机关备案。

8.2.2 增值税优惠项目及报送的资料

8.2.2.1 备案类增值税优惠项目及报送的资料

备案类增值税优惠项目及报送的资料见表8-1。

表8-1　备案类增值税优惠项目及报送的资料

序号	优惠项目	报送资料
1	个人转让著作权	（1）《备案类减免税登记表》 （2）著作权登记证明、个人转让著作权业务合同原件和复印件 （3）税务机关要求提供的其他相关资料
2	残疾人个人提供应税服务	（1）《备案类减免税登记表》 （2）《残疾人证》《残疾军人证》原件及复印件 （3）残疾人身份证原件及复印件 （4）税务机关要求提供的其他资料
3	航空公司提供飞机播撒农药服务	（1）《备案类减免税登记表》 （2）航空公司提供飞机播洒农药服务业务合同原件和复印件 （3）税务机关要求提供的其他相关资料
4	技术转让、技术开发和与之相关的技术咨询、技术服务	（1）《备案类减免税登记表》 （2）技术转让、技术开发和与之相关的技术咨询、技术服务业务合同（经技术市场管理办公室审批认定盖章的）以及技术合同登记证明原件和复印件 （3）外国企业和外籍个人从境外向中国境内转让技术，能提供由审批技术引进项目的商务部及其授权的地方商务部门出具的技术转让合同、协议批准文件（原件和复印件）的，可不再提供上述（1）（2）的资料，应附报省级科技主管部门出具的技术合同认定登记证明原件和复印件，或提供由审批技术引进项目的商务部及其授权的地方商务部门出具的技术转让合同批准文件原件和复印件，除外国企业、外籍个人以外的其他纳税人提供省级科技主管部门出具的技术合同认定登记证明原件和复印件 （4）外国企业和外籍个人如委托境内企业申请办理备案手续的，应提供委托书原件和复印件（注明与原件一致，并加盖公章），如系外文的应翻译成中文。纳税人委托中介机构办理鉴证的，可将中介机构出具的符合减免税条件的鉴证材料一并报备 （5）税务机关要求提供的其他相关资料
5	合同能源管理项目提供的应税服务	（1）《备案类减免税登记表》 （2）节能效益分享型合同能源管理项目合同 （3）节能服务公司实施合同能源管理项目相关技术符合原国家质量监督检验检疫总局和国家标准化管理委员会发布的《合同能源管理技术通则》（GB/T 24915—2010）规定的技术要求的相关资料 （4）税务机关要求提供的其他相关资料
6	离岸服务外包业务	（1）《备案类减免税登记表》 （2）离岸服务外包项目业务合同原件和复印件 （3）税务机关要求提供的其他相关资料
7	台湾航运公司从事海峡两岸海上直航业务	（1）《备案类减免税登记表》 （2）从事海峡两岸海上直航业务合同原件和复印件 （3）交通运输部颁发的"台湾海峡两岸间水路运输许可证"，且许可证上注明的公司登记地址在台湾的航运公司原件和复印件 （4）税务机关要求提供的其他相关资料

续表

序号	优惠项目	报送资料
8	台湾航空公司从事海峡两岸空中直航业务在大陆取得运输收入	（1）《备案类减免税登记表》 （2）从事海峡两岸空中直航业务合同原件和复印件 （3）中国民用航空局颁发的"经营许可"或依据《海峡两岸空运协议》和《海峡两岸空运补充协议》规定，批准经营两岸旅客、货物和邮件不定期（包机）运输业务，且公司登记地址在台湾的航空公司的证明材料原件和复印件 （4）税务机关要求提供的其他相关资料
9	美国ABS船级社提供船检服务	（1）《备案类减免税登记表》 （2）美国ABS船级社身份证明原件和复印件 （3）税务机关要求提供的其他相关资料
10	随军家属就业服务项目	为安置随军家属就业而新开办的企业：（1）《备案类减免税登记表》 （2）部队各单位师（含）以上政治部出具的随军家属身份证明原件和复印件 （3）军（含）以上政治部和后勤机关共同出具的加盖部队公章的安置随军家属达到60%（含）以上证明材料原件和复印件 （4）企业安置随军家属情况表 （5）税务机关要求提供的其他资料
		随军家属从事个体经营的：（1）《备案类减免税登记表》 （2）部队各单位师（含）以上政治部出具的随军家属身份证明原件和复印件 （3）税务机关要求提供的其他资料
11	军队转业干部就业服务项目	为安置自主择业的军队转业干部就业而新开办的企业：（1）《备案类减免税登记表》 （2）师（含）以上部队颁发的转业证件原件和复印件 （3）企业安置军队转业干部占企业总人数的60%（含）以上的证明材料 （4）税务机关要求提供的其他资料
		军队转业干部从事个体经营的：（1）《备案类减免税登记表》 （2）师（含）以上部队颁发的转业证件原件和复印件 （3）军队转业干部身份证原件和复印件 （4）税务机关要求提供的其他资料
12	城镇退役士兵就业服务项目	为安置自谋职业的城镇退役士兵就业而新办的服务型企业：（1）《备案类减免税登记表》 （2）《城镇退役士兵自谋职业证》原件和复印件 （3）县以上（含县级）民政部门认定的新办的服务型企业证明 （4）县级以上民政部门认定当年新安置自谋职业的城镇退役士兵，并与其签订1年以上期限劳动合同的证明和缴纳社会保险费的证明材料 （5）税务机关要求提供的其他资料

续表

序号	优惠项目		报送资料
12	城镇退役士兵就业服务项目	自谋职业的城镇退役士兵从事个体经营的	（1）《备案类减免税登记表》 （2）《城镇退役士兵自谋职业证》或师以上政治机关出具的城镇退役士兵身份证明原件和复印件 （3）自谋职业的城镇退役士兵身份证原件和复印件 （4）税务机关要求提供的其他资料
13	失业人员就业项目	服务型企业吸纳失业人员	（1）《备案类减免税登记表》 （2）《就业失业登记证》（注明"企业吸纳税收政策"） （3）企业工资支付凭证（工资表） （4）企业与下岗失业人员签订1年以上期限的劳动合同以及为上述人员缴纳社会保险费的证明材料原件和复印件 （5）税务机关要求提供的其他资料
		失业人员从事个体经营的	（1）《备案类减免税登记表》 （2）《就业失业登记证》（注明"自主创业税收政策"或附《高校毕业生自主创业证》）原件和复印件 （3）失业人员身份证原件和复印件 （4）税务机关要求提供的其他资料

8.2.2.2　报批类增值税优惠项目及报送资料

报批类增值税优惠项目及报送资料见表8-2。

表8-2　报批类增值税优惠项目及报送资料

序号	项目	提供资料名称
1	安置残疾人的单位	（1）《税收认定申请审批表》 （2）经民政部门或残疾人联合会认定的纳税人，应提供上述部门的书面审核认定意见原件和复印件 （3）纳税人与残疾人签订的劳动合同或服务协议（副本）原件和复印件 （4）纳税人为残疾人缴纳社会保险费缴费记录原件和复印件 （5）纳税人向残疾人通过银行等金融机构实际支付工资凭证原件和复印件
2	管道运输服务	（1）《税收认定申请审批表》 （2）管道运输服务业务合同原件和复印件
3	有形动产融资租赁	（1）《税收认定申请审批表》 （2）人民银行、银监会、商务部及其授权部门批准经营融资租赁业务证明原件和复印件

8.2.3　税收优惠备案及审批流程

税收优惠备案及审批流程如图8-3所示。

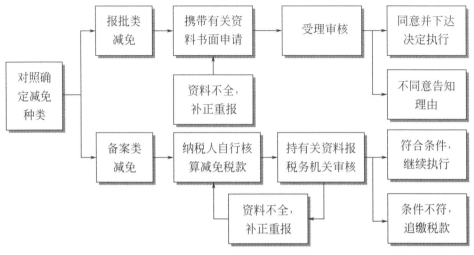

图8-3　税收优惠备案及审批流程

8.3　纳税申报

8.3.1　了解各税种的缴税日期

企业最好建立一个实用的征期日历，以便提醒企业在规定时间内缴税，避免产生税收滞纳金及罚款，表8-3是目前税务局的征管日历表。

表8-3　税务局的征管日历表

申报期	入库期	税　　种	备注
1～15日	1～15日	个人所得税	个人所得税要按月申报，在次月7日前申报计缴完毕
1～10日	1～10日	资源税	资源税要按月申报，在次月10日前申报计缴完毕
1～15日	1～15日	增值税、消费税、城市维护建设税、教育费附加、企业所得税	增值税、消费税、城建税及教育费附加均是按月申报的，在次月15日前申报计缴完毕；企业所得税，可以按月申报，也可以按季度申报，看主管税务机关的规定，要求在次月15日前计缴完毕

续表

申报期	入库期	税　种	备注
1～15日		无应纳税（费）款申报	本月什么税都不用缴，也要进行申报
1～15日		个人所得税全员全额扣缴申报	不管是否要代扣个税，只要该个人从企业获得收入，就要进行个税申报
1月1日～3月31日		"年所得12万元以上"纳税人自行纳税申报	个人除了免税所得，暂免征税所得外的所有所得，1年内超过12万元的，不管是否由支付单位代扣代缴了个人所得税，均要在次年3月底之前自行纳税申报
1月1日～5月31日		年度企业所得税汇算清缴	每年均要做企业所得税汇算清缴，不管企业是亏损还是盈利或者处于免税期，都要申报
主管税务机关自定		车船税、城镇土地使用税、房产税、印花税、土地增值税	这几个税种的计征方式由各省自定，请企业一定要关注主管税务局的规定

提示：根据《中华人民共和国税收征收管理法实施细则》第一百零九条的规定：税收征管法及本细则所规定期限的最后1日是法定休假日的，以休假日期满的次日为期限的最后1日；例如某月15日正好是星期六，那企业的营业税就可以在17日（周一）计缴也行

8.3.2　抄税

8.3.2.1　抄税的目的

抄税的目的是检查企业开具增值税专用发票的完整情况，对企业的销项税额进行控制。每月报税前必须对本企业已开具的增值税专用发票拿到税务局进行抄税，以核实企业的销项税额情况。

8.3.2.2　抄税所需资料

（1）《企业发票领购簿》。

（2）IC卡。

（3）月末时从金穗卡里打印出的本月开具增值税发票清单一份（包括专用发票和普通发票）。

（4）上月开的增值税发票最后一份存根联、本月（需报税月份）开具的增值税发票全部存根联以及下月开具的第一份增值税发票存根联。

（5）如果企业在申报月份开具过销项负数发票，在抄税时还应携带税务机关出具的"开具红字增值税专用发票通知单"以备检查。

相关链接 ▶▶▶ --------------------------------

网上抄报税

网上抄报税是指纳税人通过防伪税控开票金税卡自行完成抄税操作后，运用网上抄报税系统通过网络将报税数据传输到税务机关，由税务端网上报税系统自动完成报税数据解密、报税业务处理、发票比对等处理工作，企业再通过网络查询报税结果信息，并在报税成功、增值税"一窗式"比对通过且缴纳税款的情况下进行清卡操作。

一、网上报税和网上申报的操作流程

纳税人必须先操作防伪税控开票子系统进行抄税，然后使用网上抄报税系统进行远程报税，再操作网上申报软件发送申报数据，最后使用网上抄报税系统清卡。具体操作流程如下图所示。

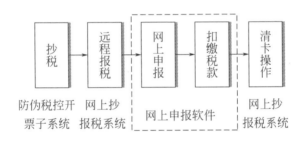

网上报税和网上申报的操作流程

（1）运用防伪税控开票子系统进行抄税。

（2）运用网上抄报税系统进行远程报税。

（3）运用网上申报软件，发送申报数据。申报成功后，查看申报结果，根据系统提示作相应处理。申报表审核成功后，税务局端自动扣缴税款。网上申报受理成功的纳税人需使用网上申报系统软件打印符合要求的申报资料一式两份，经法人代表签字并盖章确认，于申报的当月报送税务机关。

（4）如自动扣缴不成功或未存入足额的税款，待存入足够税款后，再次运用网上申报软件扣缴税款。

（5）扣款成功后，运用网上抄报税系统查询结果，系统提示报税结果为报税成功后，进行清卡操作。

二、网上抄报税的注意事项

（1）必须先操作网上抄报税系统进行远程报税，再操作网上申报软件，发送申报数据。

（2）操作网上申报软件发送申报数据后，要查看申报结果提示："增值税纳税申报表（适用于一般纳税人）申报成功，票表稽核通过！留意反馈扣款结果！"在"报表浏览"中查看银行扣款是否成功。

如系统提示"申报受理成功！您还未抄税，可选择网上抄报税或到大厅办理抄报税"，要检查是否进行远程报税，报税是否成功。企业抄税后允许再发送一次报表进行销项比对，如还提示未抄税，不允许再发送，须到税务局前台进行异常处理。

如系统提示其他提示如：

"增值税纳税申报表审核，审核失败！详细结果如下：××××"，则须根据错误提示检查报表，修改后再次发送报表。

"申报受理成功！销项稽核失败，错误：××××"，需要到主管税务机关前台进行异常处理。

如系统提示扣款不成功，则应先在扣款账户存入足够的税款，再操作网上申报软件中的"扣款请求"按钮，再次发送扣款请求。

（3）操作网上抄报税系统清卡操作不成功，应检查申报一窗式比对和扣款是否成功。

8.3.3 报税

每月在报税期（一般为每月15日内，遇国家法定节假日税务局另行通知）内对所需申报的税种进行申报。

8.3.3.1 报税前期工作

（1）在申报期内对需缴纳的各种税款进行准确计算，列出需缴纳各税种的正确税款。

（2）对需缴纳的税款填写用款及费用报销单或内部转款单，并经各级领导审核批准。

（3）批准过的报销单转交出纳转款。

（4）填写出应报税种的纳税申报表，并打印出纸质资料。

8.3.3.2 网上报税

（1）网上申报纳税的企业每月申报期都必须填写《通用纳税申报表》。表中包括本申报期纳税人应当申报的全部税种信息，如税种名称、税目名称、税款所属时期、税率以及税种是否代扣、委托等。网上报税将各税种以一定形式统一在

一张综合表中，并由系统根据各个税种设定计算公式。《通用纳税申报表》中需要纳税人填写的数据是计税依据和允许扣除项目，其他数据项目可由系统根据内定的公式自动计算出来，纳税人也可以修改。

（2）网上报税需填写报送的其他纳税申报表如企业所得税申报表、企业所得税汇算清缴申报表。其中，企业所得税申报表是季度报表，必须与《通用纳税申报表》一并提交，且数字相符，申报才算成功。

（3）网上报税还需报送作为财务分析依据的财务报表，以验证报表的平衡及勾稽关系。这些财务报表包括：

① 资产负债表（月报）；

② 损益表（月报）；

③ 应上缴各税及其他款项情况表；

④ 主营业务收支明细表（年报）；

⑤ 利润分配表（年报）；

⑥ 现金流量表（年报）。

（4）采用网上报税的业户必须定期向主管税务机关报送纸质申报资料：

①《通用纳税申报表》；

②《资产负债表》；

③《损益表》；

④ 其他需报送的资料。

纳税人在向税务机关报送纸质资料时，要求必须在每份资料的纳税人名称处加盖单位公章。按照上述列出的需报送资料的顺序定期向办税服务厅报送。

（5）网上报税需要办理网上报税手续才能使用，即要签订纳税人、税务机关、纳税专户开户银行三方协议，由税务局分配办理网上报税业务的登录密码。

 相关链接 ▶▶▶ --

2019年深化增值税改革新政策解读

2019年3月21日，财政部、税务总局、海关总署联合发布《关于深化增值税改革有关政策的公告》，标志着2019年深化增值税改革系列举措进入落地实施环节。

1. 适用税率下降

纳税人发生增值税应税销售行为或者进口货物，原适用16%税率的，税率调整为13%；原适用10%税率的，税率调整为9%。

2. 农产品扣除率调整了

纳税人购进农产品，原适用10%扣除率的，扣除率调整为9%。纳税人购进用于生产或者委托加工13%税率货物的农产品，按照10%的扣除率计算进项税额。

3. 出口退税率也调整了

原适用16%税率且出口退税率为16%的出口货物、劳务，出口退税率调整为13%；原适用10%税率且出口退税率为10%的出口货物、跨境应税行为，出口退税率调整为9%。

4. 离境退税物品退税率改变了

适用13%税率的境外旅客购物离境退税物品，退税率为11%；适用9%税率的境外旅客购物离境退税物品，退税率为8%。

5. 不动产进项税额可以一次性全额扣除

纳税人取得不动产或者不动产在建工程的进项税额不再分2年抵扣。尚未抵扣完毕的待抵扣进项税额，可自2019年4月税款所属期起从销项税额中抵扣。

6. 进项税抵扣范围扩大了

纳税人购进国内旅客运输服务，其进项税额允许从销项税额中抵扣。纳税人未取得增值税专用发票的，暂按照以下规定确定进项税额。

（1）取得增值税电子普通发票的，为发票上注明的税额。

（2）取得注明旅客身份信息的航空运输电子客票行程单的，为按照下列公式计算进项税额。

航空旅客运输进项税额＝（票价＋燃油附加费）÷（1+9%）×9%

（3）取得注明旅客身份信息的铁路车票的，为按照下列公式计算的进项税额。

铁路旅客运输进项税额＝票面金额÷（1+9%）×9%

（4）取得注明旅客身份信息的公路、水路等其他客票的，按照下列公式计算进项税额。

公路、水路等其他旅客运输进项税额＝票面金额÷（1+3%）×3%

7. 进项税额可以加计抵减了

自2019年4月1日至2021年12月31日，提供邮政服务、电信服务、现代服务、生活服务取得的销售额占全部销售额的比重超过50%的生产、生活性服务业纳税人，允许按照当期可抵扣进项税额加计10%，抵减应纳税额。

8. 期末留抵税额可以退税了

自2019年4月1日起，试行增值税期末留抵税额退税制度。

同时符合以下条件的纳税人，可以向主管税务机关申请退还增量留抵税额。

（1）自2019年4月税款所属期起，连续六个月（按季纳税的，连续两个季度）增量留抵税额均大于零，且第六个月增量留抵税额不低于50万元。

（2）纳税信用等级为A级或者B级。

（3）申请退税前36个月未发生骗取留抵退税、出口退税或虚开增值税专用发票情形的。

（4）申请退税前36个月未因偷税被税务机关处罚两次及以上的。

（5）自2019年4月1日起未享受即征即退、先征后返（退）政策的。